创新型高等职业教育精品教材

互联网+职教改革新理念教材

大学生就业指导教程

主审　陈　励

主编　王怀根　黎　虹　李华林

内容提要

本书从实用的角度出发，系统地阐述了大学生就业指导的相关知识。全书共分六章，具体内容如下：认清就业形势，调适就业心理；了解就业流程，探寻就业途径；做好求职准备，从容面对就业；掌握求职技巧，预防求职陷阱；签署就业文书，维护就业权益；转换职业角色，适应职业环境。

本书结构编排合理，内容深入浅出，语言通俗易懂，集实用性、指导性、操作性于一体，既可作为职业院校各专业学生就业指导课程的教材，也可作为就业指导人员的参考书和从业人员的学习材料。

图书在版编目（CIP）数据

大学生就业指导教程 / 王怀根，黎虹，李华林主编. -- 上海 : 上海交通大学出版社，2020（2023 重印）
ISBN 978-7-313-22449-1

Ⅰ. ①大… Ⅱ. ①王… ②黎… ③李… Ⅲ. ①大学生－就业－高等学校－教材 Ⅳ. ①G647.38

中国版本图书馆 CIP 数据核字(2020)第 022969 号

大学生就业指导教程
DAXUESHENG JIUYE ZHIDAO JIAOCHENG

主　　编：王怀根　黎　虹　李华林
出版发行：上海交通大学出版社　　地　　址：上海市番禺路 951 号
邮政编码：200030　　电　　话：021-64071208
印　　制：北京谊兴印刷有限公司　　经　　销：全国新华书店
开　　本：787mm×1092mm　1/16　　印　　张：11.5
字　　数：259 千字
版　　次：2020 年 3 月第 1 版　　印　　次：2023 年 4 月第 4 次印刷
书　　号：ISBN　978-7-313-22449-1
定　　价：39.80 元

前言

近年来，我国高等院校毕业生人数逐年增加。数据显示，2023 年全国普通高校毕业生达 1158 万人，大学毕业生就业问题再度成为社会关注的热点。

常言道："凡事预则立，不预则废。"对大学生来说，做好就业准备和接受有效的就业指导是非常必要的。教育部与人力资源和社会保障部要求高校按照"全程化、全员化、信息化、专业化"的要求，进一步提升就业指导和服务水平，将就业指导课程切实纳入高校教学计划。根据这一要求，我们组织具有多年就业指导教学和实践经验的教师，共同编写了这本《大学生就业指导教程》。

本书具有以下特色。

1．素质引领，立德树人

党的二十大报告指出："育人的根本在于立德。"本书有机融入党的二十大精神，旨在发挥立德树人作用，引导学生树立积极正确的人生观、价值观、职业观和就业观，帮助学生培养自主意识、责任意识、诚信意识、竞争意识和合作意识，使其把个人发展和国家需要、社会发展相结合。例如，每个项目都明确了素质目标，在每个项目后设置了"事迹采撷"，并在正文中穿插"政策新风""修身笃行""与法同行""先锋力量"等模块，潜移默化地对学生进行素质教育。

2．校企合作，职业引领

本书由具有多年招生就业管理工作经验的学校领导和具有丰富就业指导工作经验的一线教师编写完成。值得一提的是，知名上市公司湖南宏福环保股份有限公司的董事长兼总经理谭福兵（创业校友）和全国知名环保行业企业长沙华时捷环保科技发展股份有限公司的人力资源部经理陈霓，结合自己在企业的管理经验，从人力资源管理的角度对本教材内容进行了丰富和充实，提出了许多宝贵意见，使本教材内容更加贴合企业的人才需求。

3．全新理念，易教易学

本书从方便学生学习的角度出发，在体例设计上进行了全新的探索。每个项目都由

“案例引导”引出正文，案例的内容贴近实际情况，便于学生举一反三；每个项目末尾设有“案例点评”“躬行践履”“参阅书籍”模块，有助于学生学以致用。其中，在“躬行践履”模块中，以学生为主体设计了形式多样的实践活动，让学生“在学中做，在做中学”，促进学生提高自省能力，开发自身潜能。

4．平台支撑，资源丰富

本书将“互联网+”思维融入教材，读者借助手机或其他移动设备扫描二维码，即可观看微课视频。此外，本书还配有教学课件教学资源，可以帮助读者更好地理解和掌握相关知识，读者可登录文旌综合教育平台“文旌课堂”（www.wenjingketang.com）下载这些资源。读者在学习过程中有任何疑问，都可以登录该平台寻求帮助。

本书由陈励担任主审，王怀根、黎虹、李华林担任主编，王妍、谭福兵、陈霓担任副主编，宁林彬、张磊、龚麟参与编写。在编写过程中，编者参考了大量的文献资料和网络资料，在此，向这些资料的作者表示诚挚的谢意。

由于编者经历和水平有限，书中可能存在疏漏和不妥之处，诚请各位老师和广大读者批评指正。

目录

项目一　认清就业形势　调适就业心理

篇首导言

随着我国经济的快速发展、经济体制改革的不断深化、高等学校的持续扩招，高校毕业生就业难的问题便日趋凸显。面对严峻的就业形势，一些毕业生将注意力主要集中在制作简历、寻找单位、准备面试等方面，而不太关心与之密切相关的国家就业形势和就业政策，这样必然会影响求职择业的顺利进行。

本项目将引导大学生正视就业形势，了解就业政策，熟悉大学生就业市场及其规律，指导大学生探寻提升就业竞争力的策略，并简要介绍常见的就业心理问题及其调适方法。

学习目标

知识目标：

✧ 了解大学生就业形势与就业政策。

✧ 了解大学生就业市场的类型与现状。

✧ 熟悉高职学生就业竞争力的影响因素与提升策略。

✧ 熟悉常见的就业心理问题及其调适方法。

素质目标：

✧ 通过了解国家促进高校毕业生就业的政策，感受党和政府对青年成长的关心、对青年建功立业的支持，增强就业信心。

✧ 树立正确的就业观，及时调整自己的就业理想和就业期望值。

经典语录

好的木材并不在顺境中生长；风越强，树越壮。

——马里欧特

智者不只发现机会，更要创造机会。

——培根

准确分析职场政策

毕业生张某在寒假期间参加了A市的毕业生供需见面洽谈会。当时，有一家国有企业在会场招聘应届毕业生，张某觉得该单位位于沿海开放城市，工作环境、工资待遇、发展前景等方面都很有吸引力，而自己也比较符合该单位的招聘要求，于是参加了该单位的招聘测试。经过初试和复试后，张某与该单位签订了就业协议。张某回想起这段经历，脸上还不时浮现出自豪的笑容，觉得自己能在大学生就业形势如此严峻的情况下找到这么中意的工作，已经非常幸运了。

然而，签订就业协议后不久，张某却愁容满面地回到学校，向大学生就业指导中心的老师咨询毕业生解约的相关问题。老师问张某："你签的单位在班里算是很好的了，怎么还没有报到就要解除协议呢？是不是和单位发生了什么不愉快的事？"张某说："其实，我和单位之间并没有出现什么不愉快，彼此都挺满意的，只是刚接到了单位人力资源部打来的电话，说由于在招聘时没有注意到市人事局关于本年度高校应届毕业生引进的相关规定，现在发现我的条件不符合规定，单位无法为我办理人事关系接收手续。"

接着，张某向老师详细说明了情况。原来，张某在寒假期间和单位签订就业协议时，双方都没有注意到市人事局关于人才引进的相关政策。单位到A市人事局为张某办理人事关系接收手续时才发现张某不符合接收条件，原因是A市人事局出台了关于接收高校应届毕业生的新政策。新政策规定，外地生源高校应届毕业生到A市工作，需要毕业证、学位证、计算机等级证书"三证"齐全，才能办理接收手续。张某没有获得计算机等级证书，所以A市人事局无法为张某办理人事关系接收手续。因此，张某只好与该单位解除就业协议，重新找工作。

与原单位解约后不久，张某向大学生就业指导中心提交了省外就业协议书。这次，他和深圳的一家企业签订了就业协议，而且已经完成了人事关系转接的审批手续。回想起这一波三折的就业经历，张某感慨地说："磨刀不误砍柴工，大学生在找工作之前一定要清楚各种就业政策，这样才能少走弯路。"

（资料来源：原创力文档，https://max.book118.com/html/2016/0406/39709292.shtm）

任务一　了解就业形势与政策

一、大学生就业形势

我国高校自1999年实施扩招以来，高校毕业生数量逐年增长。数据显示，2018年普通高校毕业生人数共计820万人，2019年达到834万人，再创历史新高，大学生就业形势日趋严峻（见图1-1）。

图1-1　就业形势严峻

高校毕业生就业水平与往年持平

为了给高校毕业生营造宽松的就业环境，促进高校毕业生多渠道就业，各级政府部门坚持把高校毕业生就业摆在就业工作首位，不断丰富和完善更加积极的就业政策，提供全方位的公共就业服务，给予高校毕业生与用人单位更多双向选择的机会，为毕业生就业提供了便利条件和切实保障。得益于我国经济持续发展，得益于改革持续释放红利，得益于就业政策不断完善，得益于就业服务体系持续健全，长期困扰高校毕业生的就业总量性矛盾得到一定程度缓解。据《就业蓝皮书：2019年中国高职高专生就业报告》显示，2018届高职高专毕业生就业率为92.0%，较2014届（91.5%）上升0.5个百分点；待就业比例为7.5%，较2014届（8.1%）低0.6个百分点。

但这并不意味着高校毕业生就业形势一片大好了。实践表明，结构性失业和摩擦性失业在任何情况下都会存在，有业难就和无业可就在任何条件下都会存在，如何在国内外复杂多变的经济形势下，以更大力度拓展高质量发展的空间，放大改革创新示范效应和带动作用，促进经济持续稳定发展，进而促进高校毕业生就业形势稳中向好，依然面临着不少困难和挑战。

二、大学生就业的影响因素

（一）毕业生供给与岗位需求

当前，我国经济发展进入一个新常态，社会对高校毕业生的需求处于相对稳定的阶段，高校毕业生供给增长的速度与经济增长速度不匹配，劳动力市场在短时间内难以吸纳全部高校毕业生就业。

（二）经济发展与结构调整

从宏观角度来看，在供大于求的情况下，就业问题只有通过大幅度增加岗位来解决。而就业岗位的增长幅度与经济增长的幅度密切相关。当经济快速、健康增长时，就业岗位相应增加；反之，岗位就会减少。改革开放 40 年来，我国国民经济快速发展，为社会提供了大量的就业机会。然而，由于产业结构发展的不平衡和经济结构的变动，劳动力的供给结构与经济结构不相适应，导致高校毕业生就业难。

（三）就业区域选择偏好

我国地域广阔、人口分布不均，各地区经济发展不均衡，人才需求显现出一定的地区差异。经济欠发达地区特别是中西部地区，很难对大学生产生吸引力。尽管国家实施西部大开发、中部崛起战略以来，这种情况有所好转，但是人才供求矛盾仍然存在。

（四）高等教育的人才培养机制

高等教育是按照专业门类来培养学生适应职业需要的基本素质和能力的过程，通过公共基础课、专业基础课、专业核心课、专业拓展课的教学活动和其他教育活动，使学生掌握能够解决该专业相关问题的理论、技术和能力，从而形成适应某类或某种职业需要的专业特长。也就是说，大学生所受的专业教育直接制约着其职业的适应范围，进而在很大程度上影响就业。

（五）高校毕业生的就业能力

高校毕业生的就业能力是影响个人就业的根本因素，包括高校毕业生所拥有的专业知识、实践技能、就业态度、择业技巧等。毕业生如果根据职业发展和用人单位的需要不断提升就业能力，则更容易在就业市场中找到合适的岗位。

（六）高校毕业生的就业观念

高校毕业生的就业观念是指大学生在对未来职业的认知、评价和工作岗位的初步体验的基础上，形成的一种较为固定的看法和态度。

就业观念对大学生就业具有导向作用，它支配着大学生对择业目标的定位和选择期望，影响着大学生的择业行为。正确的就业观念能够指导毕业生对自己进行正确评价、合理定位，并做出理性的选择。反之，错误的就业观念将使毕业生对就业产生过高或过低的期望，影响准确定位和选择。

（七）就业信息的传播

当前，毕业生就业市场日趋完善，各级政府、人才机构及高等学校初步建立了人才交流平台，但是人才需求预测机制尚待完善，社会对高校毕业生的需求信息存在着一定程度的“失真、失控、失责”问题，社会上的毕业生供需信息交流不足、渠道不通畅、信息不对称等问题仍然存在。

三、大学生就业难的原因分析

高校毕业生的就业行为是一种社会行为，关系到大学生人生价值的实现、家庭教育投资的收益，也关系到高等教育的可持续发展、人力资源的投入分配，关系到社会发展的方方面面，吸引着政府、社会、学校、家庭、个人等多方的视线。当前大学生就业难，既有来自社会环境、学校教育的客观原因，又有来自大学生个体的主观原因。

（一）客观原因

1. 总量失衡

全社会大学生总量的增长与需求的相对不足是大学生就业难的首要原因。

我国高校大规模的扩招以后，高等教育已经由精英教育转向大众教育，高校毕业生人数的激增期与全国就业高峰期重叠，高校毕业生人数连年攀升（见图 1-2），再加上往年未就业毕业生的存在等因素，使得高校毕业生供需矛盾更加突出，大学生就业由过去的“卖方市场”日益走向现在的“买方市场”。在毕业生中，本科及以上学历的人数占比逐渐增加，导致高职院校毕业生的就业竞争力弱化。

图 1-2 大学生就业难

与此同时，由于我国正处于全国性的就业高峰期，留学回国人员、再就业人员、城乡富余劳动力等多路劳动大军同时汇入劳动力市场，必然使得劳动力供求总量严重失衡，使高校毕业生的就业空间受到挤压，巨大的就业岗位缺口将使我国的就业压力长期存在。这对未来几年的大学生就业来说，仍将具有相当大的影响。

2. 产业结构不合理

产业结构不合理是造成大学生就业结构性矛盾突出的根本原因。从我国的产业结构看，过去 40 年里，我国的产业政策主要是发展劳动、资源为基础的传统产业，劳动密集型的低端制造业、资本密集型的重化工业发展迅速，而先进制造业、现代服务业等能够大量吸纳高层次人才（如大学生）的知识密集型产业发育明显不足。今后，在产业结构由劳动密集型向知识密集型、高端服务型转型的时期，社会对高层次人才的需求不会出现爆发式的增长，结构性矛盾仍然存在。

3. 空间结构失衡

空间结构失衡包括区域结构失衡和城乡结构失衡。

从区域发展情况看，我国的经济社会发展在区域层面存在严重的不平衡。东部地区对高校毕业生的就业需求比较大、生存环境比较好、经济回报率也比较高，而广大的中西部地区虽然有较大的用人需求，但一方面，符合大学生需求的工作岗位不多，另一方面，工作环境和生活条件比较艰苦，经济回报率相对较低（见图 1-3）。这样，东部地区就成为主要的人才输入地，而中西部地区就出现了“门前冷落鞍马稀”的景象。

图 1-3　就业空间结构失衡

“北上广深”依然是热门就业城市

从城乡发展情况看，我国劳动力市场从地域上可划分为城市劳动力市场和农村劳动力市场。城市劳动力市场的招工就业待遇比农村劳动力市场的招工就业待遇要好很多：不仅收入高、劳动条件好，而且机遇多、社会地位高。所以，大学生一般都选择城市劳动力市场，而较少选择农村劳动力市场。此外，社会保障政策的差别限制了大学生在城乡劳动力市场的自由流动。有的高校毕业生即便在大城市找不到满意工作，也不愿去基层、去西部就业。

课堂讨论

你有去“北上广”等城市工作的想法吗？为什么？

4. 人才培养与市场需求脱节

有调查表明，我国近年来的人才市场供给与需求情况不匹配，专业技术人或高端人才严重缺乏。例如：有关技术岗位的劳动力呈现供不应求的局面，如机械加工为主的技能型人才短缺，备受市场青睐；国内银行业缺乏专业人才，如金融工程师、精算师等。虽然高校金融专业毕业生及回国就业的金融专业留学生较多，但主要集中在低端和高端两头，所以，我们经常会看到，一方面，金融机构高薪招揽人才，有许多职位空缺，而另一方面，高校财经、金融类专业的许多毕业生依然就业无门，被金融机构拒之门外，反差巨大。

人才培养与市场需求脱节会往往会导致这样的现象产生：高校毕业生的工作与所学专业不匹配。据相关数据显示，2018 届大学毕业生的工作与专业相关度为 66%，与 2017 届、2016 届（均为 66%）持平。其中，高职高专院校 2018 届毕业生的工作与专业相关度为 62%，与 2017 届、2016 届（均为 62%）持平。工作与专业相关度偏低的主要原因是人才培养与市场需求脱节，致使对口就业的岗位相对较少。

（二）主观原因

1. 择业期望值过高

择业期望值过高是一直以来困扰毕业生顺利就业的一个主要问题。不少大学生在择业过程中自我定位不准、择业期望值过高，把党政机关、事业单位、国有企业、外资企业等作为理想的就业单位，不屑于到基层、私营企业施展才干；强调自身价值而忽视社会需要，一味追求个人利益，重地位、重名誉，轻事业、轻奉献，缺少艰苦奋斗的精神和强烈的责任感；“这山望着那山高”，以致后来陷入高不成、低不就的尴尬局面，错失就业机会。

典型实例

期望值过高导致难就业

毕业生王某来自云南省罗平县，直到毕业前还未落实工作单位。他的朋友去参加国家医药管理局的供需见面会，顺便将他的应聘材料带去。供需见面会上，刚好有一家制药厂想录用王某，一方面因为专业对口，另一方面因为工作地点是在王某的家乡。然而在王某的择业计划中，单位地点必须在昆明市，至于到昆明的什么单位、具体做什么工作都无关紧要，除此以外，任何单位都不考虑。在这种心态下，王某自然难以如愿就业。

王某的就业观念在当前毕业生中具有一定的代表性。不少毕业生过于向往沿海地区的中心城市，最低的期望也是回自己家乡所在的中心城市。他们只注重经济文化发达、工作环境优越的一面，却忽视了竞争激烈、人才相对过剩的一面，择业期望值居高不下，从而导致主观愿望与现实遭遇之间出现巨大反差。

（资料来源：豆丁网，https://www.docin.com/p-1997311074.html）

2. 缺乏拓宽知识面的主观能动性

有关调查显示，20 世纪 50 年代，大学生所学知识能用 30 年；到 20 世纪 90 年代，大学生所学知识能用10年；而2003年的统计数据显示，大学生所学知识只能用3年。然而，在就业过程中，不少大学生不能紧跟时代步伐，缺乏拓宽知识面的主观能动性，没有采取积极措施（如通过网络课程学习、技能培训、顶岗实习、社会实践等方式扩充知识、提升能力）及时更新自身知识、拓宽知识面并提升自身能力，以致在就业过程中频频受阻。

3．就业观念陈旧

部分大学生的就业观念陈旧，就业竞争意识较差，就业观与现实状况不匹配，这直接影响其顺利就业。就业观念陈旧通常具体表现在以下方面：缺乏正确的自我认知，对社会生活的认识往往过于简单或片面；就业意向被“望子成龙”“望女成凤”的家长所左右，缺乏主见；存在相当严重的职业歧视，眼高手低，不愿从事基层工作。在严峻的就业形势下，如果不转变就业观念，大学生就业难的问题就很难改善。

拓展阅读

2019年高校毕业生就业特点

随着毕业季的来临，高校毕业生的就业去向成为社会关心的话题。据教育部数据显示，2019年高校毕业生达834万人，同2018年相比，增加了14万人。麦可思研究院发布的《2019年中国大学生就业报告》（就业蓝皮书）显示，我国近年来就业率均在90%以上，2018届大学毕业生就业率为91.5%。从就业去向来看，近年来我国高校毕业生就业呈现出哪些特点？他们更青睐哪些职业、行业？

近四成毕业生工作与专业不对口，这在一定程度反映了我国高等教育和工作实践的脱节。我们的高等教育是一个相对封闭的系统，对工作实践的需求反应比较迟钝。对于很多专业存在“失业量较大，就业率、薪资和就业满意度综合较低”的情况，这已经说明这些专业可能与社会需求不符合，但高校仍在源源不断地培养这些专业的人才。高校应该打通高等教育和社会需求之间的通道，让后者影响专业设置、培养目标及教学内容。

对市场反应更快的高职高专就业率在增长，而本科就业率在降低，这或许反映了当前的就业结构对技能需求发生了变化。就业蓝皮书显示，2018届本科生就业率有所下降，而高职高专毕业生的就业率稳中有升，近两届就业率高于同届本科。

在这一趋势下，我国的教育是否应适当转向职业和实践性教育，改变我国当前高等教育过度强调研究性质教育的倾向，这些问题都可进一步思考。此外，数据显示，就业市场对高职高专人才的需求更大，但是反映在薪资方面，高职高专毕业生的收入却不尽人意。相对而言，高职高专毕业生的月收入更低，增长幅度也较低。

如果真正的市场和就业发生了变化，两者相对工资（即研究型人才的工资与高职高专人才的工资的比值）应该减少，而现在却增加了，所以这值得思考。中国在未来发展教育方面，要更多考虑高职高专，更加重视发展职业教育。

（资料来源：中国就业网，http://www.chinajob.gov.cn/c/2019-07-02/116658.shtml）

四、大学生就业政策

就业政策是指国家和各级地方政府及高等院校为促进大学毕业生就业而制定的一系列政策、方针、规定的总和。就业政策具有导向作用，它可以引导大学生走上正确的择业道路，少走弯路，提高就业成功率。

（一）大学生就业的基本政策

2018 年 11 月 27 日，教育部发布了《关于做好 2019 届全国普通高等学校毕业生就业创业工作的通知》，具体内容如下。

1．拓宽就业领域，着力促进高校毕业生多渠道就业

（1）引导毕业生到基层就业。各地各高校要深入贯彻落实中央精神文件《关于进一步引导和鼓励高校毕业生到基层工作的意见》，落实基层就业学费补偿贷款代偿、考研加分等优惠政策；要继续配合相关部门组织实施好“特岗计划”“大学生村官”“三支一扶”“大学生志愿服务西部计划”等基层就业项目，结合地方实际适当扩大地方基层项目的实施规模；要围绕乡村振兴战略，引导毕业生到现代农业生产、经营等领域就业创业；要发挥服务业最大就业容纳器的重要作用，鼓励毕业生到文化创意、健康养老、服务外包等现代服务业就业创业。鼓励高校毕业生到社会组织就业。

拓展阅读

“三支一扶”

“三支一扶”是支教、支医、支农、扶贫的简称。2006 年，中组部、人事部（现为人力资源和社会保障部）等八个部门下发《关于组织开展高校毕业生到农村基层从事支教、支农、支医和扶贫工作的通知》（国人部发〔2006〕16 号），以公开招募、自愿报名、组织选拔、统一派遣的方式，从 2006 年开始连续 5 年，每年招募 2 万名高校毕业生，主要安排到乡镇从事支教、支农、支医和扶贫工作，服务期限一般为 2～3 年，招募对象主要为全国普通高校应届毕业生。

2011 年 4 月，人力资源和社会保障部下发《关于继续做好高校毕业生三支一扶计划实施工作的通知》（人社部发〔2011〕27 号），决定继续组织开展高校毕业生“三支一扶”计划，从 2011 年起，每年选拔 2 万名，5 年内选拔 10 万名高校毕业生到基层从事“三支一扶”服务。

（资料来源：教育部政府门户网站，http://www.moe.gov.cn/jyb_xwfb/xw_zt/moe_357/jyzt_2018n/2018_zt24/）

（2）促进毕业生到中小微企业就业。各地各高校要鼓励和促进高校毕业生到实体经济就业，充分发挥中小微企业吸纳毕业生就业的主渠道作用；要积极配合有关部门落实小微企业吸纳毕业生的社保补贴、培训补贴、降税减费等优惠政策；要加强与中小微企业沟通联系，广泛收集中小微企业的招聘信息，积极组织中小微企业进校园招聘，进一步办好

全国中小企业网上百日招聘等活动。

（3）服务国家战略，开拓就业岗位。各地各高校要主动对接国家经济社会发展的人才需要，围绕雄安新区建设、长江经济带发展、粤港澳大湾区建设、海南自贸试验区建设等，引导毕业生到重点地区、重大工程、重大项目、重要领域就业；要落实区域协调发展战略，鼓励毕业生到中西部地区、东北地区和艰苦边远地区就业创业；要结合实际制定激励政策，引导毕业生到重点扶持地区就业创业。

（4）拓展新兴业态就业空间。各地各高校要结合学科专业特色，主动对接以技术集成和商业模式创新为特点的新业态人才需求，充分利用平台经济、众包经济、共享经济、数字经济等新业态，支持鼓励毕业生实现多元化就业；配合有关部门落实相应的社会保障政策和灵活就业、自主创业扶持政策，引导毕业生主动适应新就业形态、新用工方式。

（5）继续做好大学生征兵工作。各地各高校要认真落实学费资助、复学升学、就业创业等优惠政策；要密切配合兵役机关，面向毕业生、在校生、新生开展有针对性的宣传，集中播放征兵公益宣传片，发放应征入伍宣传单；落实好预订兵工作机制，为大学生入伍开辟绿色通道，鼓励更多大学生参军入伍。

（6）支持大学生到国际组织实习任职。各地各高校要加大经费资助、教育教学、升学就业等政策支持力度。高校要结合学科专业特色，加大双语种或多语种复合型国际化专业人才培养力度；将国际组织基本情况、职业发展路径等内容，纳入大学生就业指导教材和课程；进一步完善信息服务平台，及时收集、发布国际组织招聘信息，开展专家讲座、政策咨询、社团活动等系列指导服务。鼓励高校与国际组织开展合作交流，进一步拓展实习任职渠道。

2．推动双创升级，着力促进高校毕业生自主创业

（1）全面深化高校创新创业教育改革。各地各高校要将创新创业教育贯穿人才培养全过程，把创新创业教育和实践课程纳入高校必修课体系，促进创新创业教育与专业教育有机结合、与思想政治教育深度融合；开展好大学生创新创业训练计划、中国“互联网+”大学生创新创业大赛和“青年红色筑梦之旅”活动，着力培养学生的创新意识、实践能力和奋斗精神。

（2）落实完善创新创业优惠政策。各地要配合有关部门深化商事制度改革，进一步完善落实税费减免、创业担保贷款、创业培训补贴等优惠政策。各高校要按照《普通高等学校学生管理规定》要求，进一步细化创新创业学分积累与转换、弹性学制管理、保留学籍休学创业、支持创新创业学生复学后转入相关专业学习等政策，允许本科生用创业成果申请学位论文答辩。

（3）加大创新创业场地和资金扶持力度。各地各高校要加强大学科技园、创业孵化基地等创新创业平台建设，为大学生创新创业提供场地支持。各高校要积极推动各类研究基地、实验室、仪器设备等教学资源向创新创业学生开放。有条件的地区要积极推进设立高校毕业生就业创业基金，高校要通过政府支持、学校自设、校外合作、风险投资等方式多渠道筹措资金，支持大学生自主创业。

（4）加强创业指导与服务。各地各高校要进一步建立健全各级各类大学生创业服务平台，为大学生创业提供项目对接、财税会计、法律政策、管理咨询等深度服务。鼓励各

高校聘请行业专家、创业校友、企业家等担任大学生创业团队指导教师，鼓励专业教师、实验室教师全程指导大学生创新创业。

3．强化服务保障，着力提高就业创业指导服务水平

（1）健全精准信息服务机制。加强教育部、省市、高校三级就业服务体系建设，建立毕业生求职和用人单位需求数据库，运用大数据技术实现供需智能匹配，为毕业生精准推送政策、岗位和指导。各地要进一步发挥校园招聘市场的主体作用，鼓励组织分层次、分类别、分行业的校园招聘活动，支持举办区域性、行业性联合招聘活动。高校举办的大型校园招聘活动要向其他高校有组织地开放；做好在内地（大陆）高校就读的港澳（台）毕业生就业服务工作。

（2）提升毕业生就业能力。各地各高校要加强高校学生职业生涯发展教育，对低年级学生着重进行职业生涯启蒙，对高年级学生着重提升职业素质和求职技能；要结合就业形势和毕业生特点，帮助毕业生调整就业预期，找准职业定位；要多方搭建社会实践、实习实训、职业体验等实践平台，增强学生专业技能和职业能力；鼓励学生在取得毕业证书的同时考取行业企业认可度高的多种类型的培训（或认证）证书。

（3）强化就业困难群体帮扶。各地各高校要准确掌握贫困家庭、少数民族、身体残疾等毕业生的情况，建立帮扶台账，做到分类帮扶、精准发力。高校要建立校院领导、专业教师、辅导员等全员参与的“一对一”精准帮扶机制；充分挖掘校友、行业企业等社会资源，优先为困难群体推荐岗位。各地要积极创造条件，争取专项资金，开展就业困难毕业生专项培训，提高其就业能力；要配合有关部门落实好求职创业补贴政策，做好离校未就业毕业生的信息衔接和服务接续工作。

（4）切实保护毕业生就业权益。各地各高校要加强校园内招聘活动管理，严禁发布限定性别、民族、院校、学习方式（全日制和非全日制）等歧视性信息，严格审核用人单位资质、工作岗位信息，重点审核就业中介机构和境外用人单位，严密防范招聘陷阱、就业欺诈、“培训贷”、传销等不法行为；普及就业创业有关法律法规知识，增强大学生的法律意识和维权意识；加强对毕业生和用人单位的诚信教育和管理，使其做到诚信签约、诚实履约。

（5）加快高校就业创业指导队伍建设。各地各高校要加快建设一支职业化、专业化、专家化的就业创业指导队伍，在专业技术职务评聘和绩效考核中充分考虑指导教师的工作性质和工作业绩，予以适当支持；要建立高校毕业生就业创业指导教师培训机制，开展专业培训，鼓励指导教师到行业企业挂职锻炼；要定期对辅导员、班主任等就业工作人员进行集中轮训，全面提高其工作能力。

（6）积极发挥高校毕业生就业状况反馈作用。各地各高校要进一步落实高校毕业生就业质量年度报告编制发布制度，着力完善统计指标和内容，按时向社会发布高校毕业生就业质量年度报告；加快形成就业与招生计划、人才培养联动机制；各地要根据经济社会发展需要及本地区毕业生就业总体状况，主动对接地区、行业、产业需求，进一步建立完善高校学科专业、培养层次、培养类型动态调整机制，努力实现本地区高等教育规模和结构的科学配置和布局。

4. 加强组织领导，着力深化思想教育和宣传引导

（1）强化组织领导。各地各高校要认真落实就业工作“一把手”工程，切实做到“机构、场地、人员、经费”四到位。高校主要负责人要亲自部署，分管领导要靠前指挥，院系领导要落实责任，辅导员（班主任）要密切关注毕业生就业进展情况。健全就业、招生、教学、学工、团委、科研等机构分工负责、协同推进的工作机制，千方百计促进毕业生就业创业。

（2）深化思想教育和宣传引导。各地各高校要教育引导毕业生把个人理想融入国家和民族事业当中，鼓励毕业生到基层、西部、祖国最需要的地方建功立业（见图 1-4）；要广泛宣传解读国家和地方促进就业创业的政策措施，帮助毕业生知晓政策、用好政策，营造就业创业的良好舆论氛围。

图 1-4　到基层就业

鼓励毕业生到基层就业

（3）进一步加强就业工作规范管理。各地各高校要建立就业统计工作责任制，健全毕业生参与的就业状况统计核查机制。各高校要认真落实统计工作“四不准”要求，即不准以任何方式强迫毕业生签订就业协议，不准将毕业证书、学位证书发放与签约挂钩，不准以户档托管为由劝说毕业生签订虚假协议，不准将顶岗实习、见习证明材料作为就业证明材料。各地要对高校毕业生就业工作及数据进行认真核查，对查实的弄虚作假等问题要严查严处，并进行通报。

（二）大学生就业的特殊政策

1. 定向毕业生的就业政策

定向生在招生时就已经确定了就业动向。因此，原则上，定向毕业生要到当年国家计划规定的定向地区或单位工作。

定向生如遇家迁、升学、留校、参军或原定向单位破产等特殊情况，可申请办理定向改派，定向毕业生要出具下列相关材料：个人的改派申请；关于上述某种情况的证明材料（户口迁移证明、录取通知书、破产证明等）；原定向地区（单位）的主管部门出具的退

函；所到地区（单位）主管毕业生就业部门的意见；与新的接收单位签署的就业协议。将上述材料汇总后报给学校就业指导中心，经学校初审后，报送省高校毕业生就业指导中心审查批准，才允许改变就业动向。

定向毕业生因家迁需改变就业去向的，须向学校和省高校毕业生就业指导中心提供原家庭居住地和现家庭居住地户籍管理部门迁出和迁入的证明材料，并提供现家庭居住地居民户口簿。

2．应届毕业生报考国家公务员的政策

国家行政机关、其他国家机关和参照国家公务员制度管理的事业单位从高等学校应届毕业生中录用国家公务员（工作人员），一律实行考试考核、择优录用的办法。被录用为公务员的毕业生与组织、人事部门签订就业协议书，学校就业指导中心凭就业协议书将其纳入就业方案，并予以办理就业派遣手续。

3．应届毕业生报考研究生的政策

参加考研的毕业生在与用人单位签订就业协议前，原则上应向用人单位报告本人已参加或准备参加研究生考试，在征得用人单位同意后，可以在就业协议上注明“如果毕业生考取研究生，本协议无效”。如果用人单位不同意此项，那么毕业生原则上不应签署此协议。如果已经考取研究生的毕业生在当初签协议时有意隐瞒考研情况，而本人又要求读研的，则按违约处理。毕业生离校前需要出具原签约单位同意读研的退函。

4．应届毕业生自费出国留学的政策

随着改革开放的深入，部分学生将获得机会到国外深造或到境外企业去工作。符合国家规定申请自费留学的毕业生，不参加就业，也不再缴纳教育培养费。凭国外大学录取通知书，在学校规定时间内提出申请，经教务处和就业指导中心审核同意后，不列入就业计划。集中派遣时未获批准出境的，学校可将其档案、户籍关系转至生源地，毕业生继续办理出国手续或自谋职业。

5．患病毕业生和残疾人毕业生的政策

毕业生离校前应进行健康检查，因病不能工作的，应回家休养。一年以内、半年以上治愈的（须经学校指定医院证明能坚持正常工作的），可随下一届毕业生就业；半年内治愈的，可到原就业单位就业；一年后仍未治愈或无用人单位接收的，户籍关系转至生源地，按社会待业人员办理。

毕业生报到后，接收单位应组织复查。单位在 3 个月内若发现毕业生因健康问题不能坚持正常工作，经县级以上医院检查确属在校期间的旧病复发，报主管部门批准，可将毕业生退回学校，按照有关规定处理；若属新生疾病，按在职人员病假期间的有关规定处理，不得把上岗后发生疾病的毕业生退回学校。对患有精神病（需县级以上医院证明）的毕业生，见习期内复发的，用人单位可将其退回学校，由学校退回家庭所在地。

对残疾毕业生的就业，仍按教育部、国家计委、劳动人事部（现为人力资源和社会保障部）、民政部颁发的（85）教学字 004 号文件精神处理，即学校录取的残疾考生，毕业后应按其所学专业，由学校帮助推荐就业，确有困难的，按有关规定由生源所在地民政部门负责安置。

6. 第二学士学位毕业生的就业政策

国家规定，在校攻读第二学士学位，修业期满，获得第二学士学位后，原则上按第二学士学位推荐就业。这和普通高校招收的本科生的就业基本一致，即一是服从国家需要，二是坚持学以致用。在职人员攻读第二学士学位，修业期满，不论是否获得第二学士学位，均回原单位安排工作。已获得第二学士学位的毕业生工作后的起点工资与研究生班毕业生工资待遇相同；未获得第二学士学位者，仍按本科生对待。

7. 委托培养、联合办学毕业生的就业政策

委培生是指用人单位（或地区）委托高校培养的学生。委培生要按委托协议派遣，确因委培单位关、停、并、转不能接收的，应由委培单位主管部门出具证明，经市毕业生就业主管部门审核同意，就地就近安排就业，跨市安排就业的要报省毕业生就业主管部门审批。

学校与地方联合办学培养的毕业生原则上回联办地区就业，如因特殊情况确需改变就业去向的，须由联办地区毕业生就业主管部门同意，报省毕业生就业主管部门审核批准后，方可改变就业去向。

8. 毕业生二次择业政策

毕业生二次择业是指截至毕业生集中派遣时，仍未落实接收单位的毕业生，要派回生源省、市、区参加二次就业，原则上由省、市、区推荐就业，毕业生也可继续选择单位。在规定时间内落实工作的，毕业生就业主管部门可以为其办理二次派遣手续。

政策新风

毕业季，一大波利好消息助力大学生就业

2021 年，全国高校毕业生达 909 万人，再创历史新高。为了促进毕业生就业，无论是国家层面还是地方层面，都密集推出诸多便利政策，一系列保障大学生就业的“政策礼包”纷纷出炉。

搭台牵线，为毕业生就业提供便利

教育部会同相关部门及时出台就业政策举措，启动了“2021 届全国普通高校毕业生就业创业促进行动”，举办了一系列大型招聘会、校企供需对接会等活动，并升级推出“24365”智慧就业平台，为高校毕业生提供就业服务。

2021 年 6 月下旬，人力资源和社会保障部通过“百日千万网络招聘专项行动”陆续推出大健康、生活服务、体育文娱、矿业 4 个行业招聘专场，还推出福建、江西、山东、黑龙江 4 个地方特色招聘专场。

除了国家层面，各省份也相继推出了助力 2021 届毕业生就业的措施，积极开展招聘会、就业宣讲活动等，为高校毕业生与企业牵线搭桥。例如，福建举办 2021 届高校毕业生招聘专场，依托省毕业生就业创业公共服务网，提供岗位筛选服务，求职

毕业生可按工作地点、学历要求、职位关键字等选项进行查询；广西开展“2021届广西高校毕业生招聘季”活动，包括广西2021届高校毕业生春季招聘活动、“广西2021届低收入家庭高校毕业生就业帮扶月”活动等。

稳定就业，政策性岗位向应届生倾斜

2020年11月，教育部发文要求各地教育部门要会同相关部门，推动稳就业政策向高校毕业生重点倾斜，落实好党政机关、事业单位、国有企业等空缺岗位主要招聘应届高校毕业生等政策。

从2021年启动的公务员省考和事业单位招聘考试来看，政策性岗位的招录向应届生倾斜的特征十分明显。在2021年上半年启动的公务员省考招录中，众多省份将省考招录时间提前，与高校毕业生的毕业时间相衔接，使应届生毕业后即可上岗。在报考条件上，也呈现出更加便利应届生的趋势。例如，上半年举行的四川公务员“四级联考”大大提高了高校应届毕业生的招录比例，98.4%的岗位可供应届毕业生报考，其中1 178个招录名额专门面向应届毕业生。

人才争夺，各地更新住房落户政策

从2020年底开始，广州、无锡、青岛、福州等市发布落户新政，极大地降低了落户门槛。福州市提出全面取消落户限制，实现落户“零门槛”；无锡市全面取消了高校和职业院校毕业生、留学归国人员、技术工人等群体的落户限制，敞开学历型、技能型人才的落户大门。

另外，2021年5月，南京市将人才落户条件再次放宽。其中，本科学历人才的年龄限制从40周岁放宽至45周岁；40周岁以下的大专学历人才，在南京就业参保半年就可以落户。

除了落户政策的调整，各地也在努力帮助毕业生解决“住房难”“租房贵”等问题。例如，青岛市发布通知，明确符合条件的高校毕业生可享受每人每月500～1 200元不等的住房补贴，硕士、博士研究生可一次性享受10万元和15万元的安家补助费。

真金白银，解决大学生自主创业难点

针对毕业生创业面临的融资难、资源少、能力弱等问题，各省市对促进创业的政策不断加码发力。

2021年6月，安徽省合肥市发布政策，明确表示将扩大大学生创业创新引导资金规模，对符合条件的创业大学生给予最高50万元的免担保免息贷款支持。

天津市出台45项措施服务高校毕业生就业创业，对首次在津创办企业的应届高校毕业生，给予最长3年社保补贴和1年岗位补贴；对租房创办企业和个体工商户的应届高校毕业生，给予每月最高2 500元的房租补贴，补贴期限最长为2年。

（资料来源：澎湃新闻，https://m.thepaper.cn/baijiahao_13294146）

任务二　了解就业市场并增强竞争力

一、大学生就业市场及其规律

（一）大学生就业市场概述

大学生就业市场属于人才资源市场的一种，它是毕业生与用人单位进行双向选择的重要场所，也是引导毕业生调整择业期望值，合理优化社会人才配置，实行公开、公正竞争、优胜劣汰的场所。其主要任务是为高校毕业生举办各种类型的双向选择会、洽谈会，开展就业咨询，为用人单位提供招聘服务等，通过这一系列的就业活动，最终为高校毕业生寻找合适的工作岗位，满足高校毕业生的就业需求和用人单位的人才需求。

大学生就业市场可分为有形市场和无形市场两大类。

1．有形市场

有形市场是指在某一时间内，将用人单位与毕业生聚集在某一场所，便于双方进行交流和双向选择的就业活动平台（见图 1-5）。有形市场具有固定的场所、固定的举办时间及特定参与对象。目前大学生有形市场主要有以下四种：① 以学校为主体，单独举办的毕业生招聘会；② 多个学校联办的毕业生就业招聘会；③ 地区性、区域性的就业招聘会；④ 企业的专场招聘会。

图 1-5　大学生就业市场

2．无形市场

无形市场主要是指与大学生就业活动相关的网络市场。相对于有形市场而言，无形市场已经不是简单地通过电话、邮件、报刊和计算机网络及其他通信和传播手段来促进用人单位与毕业生双方进行交流和联系，而是借助信息技术等高技术手段，利用 Internet 技术建立起各类就业网站、求职网站等，为用人单位和大学生就业提供更广阔的选择空间。

由于网络本身具有覆盖面广、信息传递快速、打破区域限制等特点，用人单位和毕业生可以便捷地查找到所需要的就业信息或人才信息，能够相对地节省招聘成本或应聘成本，提高就业效率或招聘效率。

常见的大学生就业市场的优劣势如表 1-1 所示。

表 1-1 大学生就业市场优劣势对比

类别	优势	劣势
国家及各级政府举办的大学生就业市场	组织市场容易；可信度高；组织保障有力	针对性不强，市场效率低；建设力度不够，运行成本高；地区之间发展不平衡
高校举办的大学生就业市场	针对性强，签约率高；可信度高，权威性高；方便，学生求职成本低	邀请单位和组织市场较难；成本高，易加重学校负担
人才中介机构举办的就业市场	经验丰富；可投入精力多；市场基础好	针对性差，有效性低；监管力度差，可信度低
网络举办的大学生就业市场	方便、快捷、灵活；不受时空限制；信息量大；资源易共享	信息化建设投入大；网上信息信度低

（二）大学生就业市场的现状

大学生就业市场主要呈现出以下四个方面的特征。

1. 供需总体不平衡

供需总体不平衡主要体现在以下五个方面：

（1）学科专业供需不平衡。随着高新技术产业的迅猛发展和国家对基础设施投资的力度加大，社会对计算机、通信、电子、土建、机械、自动化、医药、师范等学科人才的需求旺盛，而对哲学、社会学、经济学、法学、农学等学科人才的需求时有波动。

（2）学历人才供需不平衡。社会对高层次的复合型、外向型和开拓型的人才需求日益迫切，出现了对人才结构、学历层次“重心”上移现象，形成了研究生需求旺盛，本科生供需基本持平，而专业对口的专科生、高职生需求旺盛的局面。

（3）地区之间供需不平衡。东部沿海地区和中心城市的人才需求比较旺盛，呈现出供需平衡或供不应求的现象。随着西部大开发战略的实施，中西部地区的人才需求也有所回升，而一些边远省区的人才需求明显不足。

（4）院校之间供需不平衡。重点大学、名牌院校、名牌专业的毕业生呈现出“名牌”效应，社会需求增长，其就业率相对较高；而一般院校、一般专业的毕业生，社会需求相对较弱。

（5）用人单位之间需求不平衡。国有大中型企业引进毕业生数量的所占比例在逐年下降；政府机关及事业单位的用人指标有限，难以接受大量毕业生；三资企业、民营企业及高新技术产业企业（尤其是信息产业）的人才需求数量连年增加。

2. 社会对毕业生的素质要求提高

近年来，每年都有几百万大学毕业生，大学毕业生就业由卖方市场过渡到买方市场，这已成为不争的事实。大学毕业生就业形成了买方市场后，就业竞争激烈，用人单位对毕业生的素质要求越来越高，招聘人才时越来越理性。许多用人单位已将综合素质作为评价毕业生实力的主要依据。

3. 就业竞争日益激烈

近年来，随着高等教育大众化，大学毕业生的数量不断增加，而社会的有效需求在短期内的增长幅度有限，就业岗位有限，这使得大学生就业压力增大，就业竞争日益激烈（见图 1-6）。同时，大学生的毕业时间相对集中，而职业选择的时间较短，在一定程度上增加了就业竞争的激烈程度。

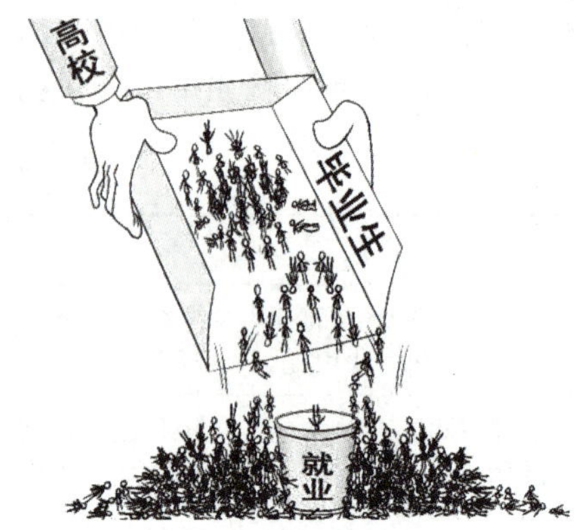

图 1-6　就业竞争激烈

4. 以学校为主体的就业市场形成

由于学校与用人单位常年保持着较密切的联系，供需双方对人才的专业要求较匹配，学校的中介作用可以得到充分发挥等，所以，以学校为主体的就业市场签约率较高，市场的效益发挥较好。由于这类就业市场的信息可靠、真实，组织规范、高效，因而受到了毕业生和用人单位的普遍欢迎。

拓展阅读

就业市场的规律

就业市场是一个劳动力买卖的市场。在这个市场上，劳动者竞争职位，用人单位则竞选劳动者。就业市场会按照市场规律，自觉运用市场机制调节劳动力供求状况，对劳动力的流动进行合理引导，从而实现对劳动力的合理配置。在市场经济环境下，就业市场实现了双向选择，无论是用人单位还是劳动者，都有充分的选择权。

就业市场有三大规律：① 价值规律，即商品的价值量取决于该商品的生产时间，这一规律可以解释为什么学历越高、资历越深的人，其报酬越高；② 竞争规律，即在众多的同类商品中，如果某种商品没有创新性，则无法在竞争中立足，最终会被淘汰，这一规律可以解释为什么无专长或特色的大学生就业越来越难；③ 供求规律，即供求关系会影响价格变动，供大于求时价格下降，供小于求时价格上升，这就是现在一些高级技术工人的工资反而超过白领人员的工资的原因所在。

认识了就业市场的规律，大学生就更容易认清就业形势，进而树立正确的就业观念，做出正确的就业决策了。

（资料来源：道客巴巴，http://www.doc88.com/p-959211850886.html）

（三）大学生就业市场的应对

1. 从思想上彻底认清就业形势

受当前经济形势的影响，人才市场上对外招聘的企业的数量有限，大学毕业生找工作比较困难。在这种情况下，大学毕业生应从思想上认清就业形势，适应市场需求，把握就业时机。

2. 甭让薪资待遇左右就业选择

人才市场的劳动力价格会受供求变化和各种客观因素的影响而波动。大学毕业生找工作应顺应市场变化，确定合理的薪资期望值，做出明智的就业选择，而不要让薪资待遇左右自己的选择。一般情况下，一份与自己的专业、兴趣、特长相匹配的工作，远比单纯的高薪工作更有意义。

3. 快速而准确地确定就业目标

确定就业目标就是要明确自己到底找什么样的工作。大学毕业生通过了解人才市场概况，看准人才需求的风向标，结合自身情况，快速而准确地找到就业的切入点和着力点，不仅能够节约找工作的时间、精力、费用和机会成本，而且可以让自己在求职择业过程中取得事半功倍的效果。

4. 充分认识自身的能力与价值

用人单位为什么花钱雇用某个大学生，愿意花多少钱雇用某个大学生，这些都取决于这个大学生的能力和经验，取决于这个大学生能为用人单位创造多少价值。所以，在大学生就业市场中，大学毕业生应当客观地评价自己，正确认识自身的价值。

二、高职大学生就业竞争力的提升

就业竞争力是指就业者所具有的符合用人单位或市场需求的能力。在大学生就业市场中，毕业生的就业竞争力分为内在能力和外界条件两部分。内在能力是指毕业生所具有的专业知识和职业技能，以及其思想道德素质、思维灵活性及交际能力等；外界条件是指影响毕业生就业的来自社会、学校和家庭方面的客观条件。

（一）高职大学生就业竞争力的现状

1. 就业心理存在偏差

很多高职大学生在就业问题上存在着懈怠或依赖心理。在校时，一些高职大学生学习专业课时不够努力，对于就业的认识不到位，这导致其毕业后要么消极怠慢，没有足够的信心和动力去积极地寻找工作，要么寄希望于家庭、社会关系，渴望通过一些捷径找到满意的工作。还有一部分大学生眼高手低，就业时对于薪资待遇、工作环境等要求过高，不愿从基层做起，以致迟迟不能就业。由于缺乏韧性和持久性，一些大学生频繁跳槽，影响工作经验的积累和职业的长远发展。

2. 专业竞争力不强，特色不突出

一些高职院校的专业设置还不够完善，办学的专业特色不强，不能较好地适应市场经济和岗位需求，导致大学生就业时面临着专业不对口的尴尬局面。很多大学生在毕业时掌握了一些专业知识，但是不能熟练运用所学知识，专业技能不过硬，从而大大降低了就业竞争力（见图 1-7）。

图 1-7 就业难的主要因素

3．综合素质有待进一步提高

大学生除了应掌握专业知识和技能外，提升综合素质和能力也至关重要。大多数高职院校都会开设一些培养综合素质能力的课程，如社交礼仪、沟通技巧、社会心理学、办公软件操作、公文写作等，一些大学生觉得这些课程无关紧要，不需要过分关注，但实际上，这些课程所涉及的综合素质和能力会直接影响就业的成功率。一些大学生在人际沟通与协调、语言表达、团队合作等方面能力欠缺，这也是制约大学生就业竞争力的一个关键因素。

（二）高职学生就业竞争力的影响因素

1．学生的就业意识与就业观

受各方面因素的影响，大学生形成了自己的就业意识和就业观。其中，以下三种类型的大学生在高职院校中十分常见。一是消极被动型，这类大学生对于就业不够主动，消极怠慢，缺乏积极性和自信心，就业结果往往也不理想；二是坐享其成型，这类大学生自己不做准备，寄希望于家人亲友通过社会关系帮忙找一份满意的工作；三是好高骛远型，这类大学生对于找工作有很多原则性要求和条件，有的甚至不切实际。

这三种类型的大学生正是因为不能正视就业形势，不增强就业意识，没有树立科学合理的就业观，从而失去了很多好的就业机会，在就业的道路上困难重重，饱受磨难。

2．高校的专业设置与就业指导体系

高职院校的人才培养目标定位为培养从事一线生产建设、服务和管理的应用型技能人才。在这种培养目标的引导下，高职院校培养的学生除了掌握一定的专业理论知识外，还应掌握相应的实践操作技能。随着经济改革不断深化，产业结构不断升级，高职院校的专业设置与人才培养体系也随之进行调整，但是在很大程度上还存在着滞后性，不能完全与社会经济和岗位需求相吻合，难以满足社会发展对高素质技能人才的需求。

同时，高职院校的就业指导工作也对大学生就业竞争力有着重要影响。很多高职院校在大学生就业指导方面意识淡薄，就业指导工作投入力度不够，通常表现为就业指导教师队伍的专业性不强，就业指导时间短、内容少、实用性差、形式单一等，导致就业指导部门形同虚设、就业指导工作作用甚小，不能有效地提升大学生就业竞争力。

3．高职教育实践技能培养

大多数高职院校实行的是“2+1”的培养方案，“2”是指前两年以教授专业知识和培养基本能力为主，“1”是指后一年主要培养实践技能。一些高职院校在前两年的教学期间虽然开设了一些校内外实训课程和项目，但课时相对较少，对大学生实践技能的培养停留在初级阶段。与此同时，很多高职院校受条件限制，没有完善的实训设施和基地，严重影响了学生实践技能的训练。最后一年的实习期，一些学生脱离了学校、老师的监督和指导，实习期懈怠，因而实践技能也得不到很好的锻炼。这在很大程度上削弱了高职大学生的就业竞争力。

4．学生家庭状况及社会因素

家庭的影响往往是至关重要的，大学生的就业观念很大程度上受到父母的思想观念的影响。一些父母给子女灌输不科学的就业观念，导致子女在就业过程中因就业观与实际情况不匹配而在行动上出现偏差，从而错过很多就业机会。同时，大学生所在家庭的经济条件和教育模式也会对其产生重要影响。调查显示，很多大学生是独生子女，家庭条件优越，生活中的大多数事情都由父母代为处理，这些大学生往往习惯以自我为中心，娇生惯养，养尊处优，就业时除了怕吃苦以外，常以父母的工作环境、薪资水平作为参照，确定过高的就业期望值。

另外，很多企业在招聘的时候过于注重学历，很多优秀的高职大学生常常被拒之门外。这在一定程度上也影响了高职院校毕业生的就业。

（三）高职大学生就业竞争力的提升策略

1．高职院校加强教育教学改革

（1）专业与产业相结合，提高人才培养的针对性。高职院校的专业设置应与经济社会发展相适应，与产业结构相配套，应适应“消费群体”和“产业群体”的需要。高职院校的专业课程建设应以职业岗位核心能力为中心，即按照“岗位—能力—课程”的理念来构建专业课程体系；同时，高职院校应对职业岗位进行深入分析，明确职业岗位核心能力，按照职业岗位能力要求确定课程目标，根据岗位知识和能力结构设置课程内容，以增强专业能力培养的针对性。

（2）教学与产业相结合，加强校企合作。高职院校应大力培养“双师型”教师，鼓励教师到一线去顶岗实习，增加从企业招聘教师的数量，定期请校外专家、企业知名人士到学校做报告；推行现代学徒制（即通过学校、企业深度合作，教师、师傅联合传授，对学生实施的以技能培养为主的现代人才培养模式），拓宽校企合作的范围，加深校企合作的程度（见图 1-8），积极扩建校外实习实训基地，定期指导学生进行实操训练，实现学

图 1-8　校企合作

校与企业的无缝对接，充分发挥校企合作的作用。

（3）完善校内实训教学。校内实训基地要与企业生产现场相一致，力争为学生提供仿真的实践技能训练基地。在仿真实训基地，教师应以实务技能为内容、以实战训练为方式开展教学活动，并指导学生按职业岗位的工作流程进行实操训练。

（4）丰富校园文化活动。高职院校可大力举办以职业素质培养为主题的文化艺术节、体育竞赛活动、专业技能竞赛、创业大赛、主题讲座等活动，将企业文化与校园文化有机结合，增强高职学生的职业意识，培养其职业精神，提升其通用能力，进而增强就业竞争力。

（5）努力做好就业指导工作。高职院校应做好全方位的就业指导工作，具体包括增强学生的就业意识和竞争意识，配备专业指导教师对学生开展有针对性的培训辅导，多渠道搜集招聘信息，定期召开校园招聘会，给学生创造更多的就业机会等。

2. 毕业生应树立新的就业观念

大学生就业难是多方面原因造成的，其中有社会原因，也有个人原因。面对高职大学生就业竞争力的现状，高职大学生应改变传统的就业观念，树立科学的就业观念，如先就业、再择业，在工作中培养自己各方面的能力，掌握市场信息，积累工作经验，提升自身的就业竞争力。同时，应敢于面对挫折与困难，坚定信心，发挥坚韧不拔的精神，做好就业前的心理准备和知识储备，制订职业规划，做好市场调查，扩展自己的信息渠道，打有准备之仗。

3. 毕业生应提高自身素质和综合能力

大学生就业不仅是专业知识和技能的比拼，更是综合素质与综合能力的竞争。很多大学生在学业上很优秀，技能上很突出，但是在求职过程中却不能胜出，很大程度上就是因为不具备用人单位所需要的综合素质与综合能力。

很多用人单位在招聘人才过程中，除了重视专业知识和技能外，还看重一些其他素质与能力，如沟通与协调能力、团队合作意识、吃苦耐劳精神、良好的心理素质、较高的情商等。因此，高职大学生在校期间应注重提高自身的综合素质与综合能力，以增强就业竞争力。例如：积极参加院系的各种社团活动，锻炼自己的组织管理能力和人际关系协调能力；广泛阅读书籍，汲取知识与能量，提升自己的文化底蕴和人文素养；积极参加实习、实训，主动参与社会实践活动，提高自己的实操技能，丰富自己的社会经验，培养自己的创新意识和踏实肯干的工作作风。

课堂讨论

你认为在能力、关系、财力、学历、相貌这“求职五大法宝”中，哪一种是最重要的？为什么？

4. 社会与家庭创造良好的环境

社会与大学生所在的家庭应从实际情况出发，为大学生创造更好的就业环境与更多的就业机会。首先，政府应出台相关的就业政策，给予高职大学生适当的政策倾斜；设立大学生就业指导基地、法律咨询、市场分析等服务项目，实实在在地为毕业生就业提供帮助；建立全国性的就业信息网络，加强市场和社会需求预测分析，为毕业生提供就业导向服务。其次，大众传媒可充分发挥自身优势，通过信息的共享与传播为毕业生就业保驾护航。最后，大学生所在的家庭应本着务实的精神，积极地对待大学生就业问题，摒弃一些不科学的就业观念，充分利用人际网络，发挥创新精神，帮助家中的毕业生顺利就业。

任务三　调适常见的就业心理问题

一、就业期望及其调整

在现代社会中，职业是多种多样的，人们的职业期望也不尽相同。一个人的职业期望能否变成现实，首先要看其是否建立在合理的基础上。每一位青年学生，都应以自己的专业特长、个人素质优势及客观的社会需求为基础，确立合理的职业期望。在大学毕业生就业过程中，普遍存在就业期望值过高的现象。

（一）大学生就业期望值过高的现状

所谓就业期望值，是指大学生毕业时对自己即将从事的工作的薪资标准、工作环境、发展潜力等的基本预期。

近年来，随着我国高等教育的大众化发展，“技能型”“应用型”人才供应的比例迅速上升。与此同时，社会对职业技术人员的需求也迅速增加，尤其是一些高新技术企业急需大量高级职业技术专业人才。据统计资料显示，我国目前高级技工的缺口高达数百万人。

一方面，高级职业技术人才奇缺，许多企业高薪诚聘技能型人才不能满足需要；而另一方面，大量毕业生找不到工作，存在就业难的问题。导致这一矛盾现象的原因很多，其中，毕业生就业期望值过高是一个很重要的原因。就业期望值过高通常有以下表现。

1. 工作薪酬预期过高

2016 年对临沂职业学院 100 名毕业生进行的问卷调查结果显示，大学毕业生期望的月薪及人数比例依次为：2 000 元以下的有 7 人，占 7%；2 000～3 000 元的有 42 人，占 42%；3 000～4 000 元的有 40 人，占 40%；4 000～5 000 元的有 9 人，占 9%；5 000 元以上的有 2 人，占 2%。但现实是临沂市大专毕业生的月薪水平为 1 800～2 500 元，而有这种客观认识的大学毕业生的人数所占的比例不到 49%。大学毕业生就业收入期望高出就业市场实际水平近 50%。显然，这种收入期望是缺乏理性的。

2. 就业地域趋向于发达地区

调查问卷显示：对“你认为比较理想的就业区域是哪个地区”这一问题的回答中，有 73 人选择了愿意到大中型城市工作，占被调查毕业生总数的 73%。这反映了大多数大学毕业生想留在大中型城市，不愿去偏远、经济落后地区，更不愿意去农村。

3. 偏爱国有大型上市企业或外资企业

许多大学毕业生就业时好高骛远，就业只选择国有大型上市企业或外资企业，而不愿选择中小企业。实际情况是，大企业通常很重视文凭学历和综合能力，学历虽然不等同于能力，但它是求职应聘的敲门砖，所以高学历更占一些优势，如果求职者的学历不高或者综合能力不强，那么到这类大企业求职的成功率很低。

4. 偏爱舒适安逸的管理岗位

大多数大学生毕业以后将到基层工作，在平凡的岗位上展示才能、实现价值。许多大学毕业生不了解这种实际状况，眼高手低，不愿从事基层工作，只想一毕业就走上舒适安逸的管理岗位，对条件艰苦、任务繁重的基层岗位缺少兴趣。

（二）大学生就业期望值过高的原因

1. 社会因素

（1）在经济社会转型期，大学毕业生的就业观念呈多元化趋势。受经济利益的驱使或受拜金主义、享乐主义、功利主义、实用主义等不良观念的影响，一些大学毕业生过于注重物质利益的追求和自身价值的实现，而忽视社会需求等。例如，一些大学毕业生选择企业时，首先以企业的性质和规模大小作为决策依据，似乎不太在意企业的发展前景，甚至全然不顾“人职匹配”的客观规律。

同时，随着社会经济的发展，人们的职业观念增强，对不同职业的认识与评价发生了不同程度的变化；市场经济提出一些新的价值要求，如自主意识、竞争观念、效率观念等，这些价值要求对大学毕业生的心理产生了巨大冲击，导致多样化的就业观念产生，一些毕业生越来越注重自我价值的实现，注重功效和实惠，功利主义倾向日趋严重；一些毕业生在就业时越来越多地考虑眼前的、现实的利益，缺乏对职业的长远眼光，盲目追求那些环境舒适、收入高、福利待遇好的单位或岗位，就业期望值居高不下。

（2）就业市场运行机制尚不健全和规范，与之配套的政策、法律法规和措施亟待进一步建立和完善。例如，由于一些中小型民营企业的工资制度、保障制度及用人制度等不健全、不规范，所以许多大学生担心上当受骗而不敢贸然到这类企业就业。这使得很多毕业生在就业时期望到大企业工作，而不愿意去基层和小公司工作。

（3）区域发展差距及城乡二元结构所导致的结构性矛盾，以及现行的人事制度和户籍制度等限制了大学生就业。由于区域之间的发展差距和城乡之间的结构性矛盾，大学毕业生在就业时更多地考虑城市和经济比较发达的地区。一些从农村出来的大学生，因为了解农村的困难和艰辛，所以不愿意再回到农村去。此外，我国现行的人事制度和户籍制度，使得部分企业特别是中小企业接收毕业生时存在政策性障碍，这在一定程度上限制了大学毕业生到中小企业和基层就业。

2. 家庭因素

（1）家庭经济状况的制约。有些大学生来自经济条件落后的地区，其父母为其接受好的教育而付出了较高的教育成本（学费、生活费、机会成本等），他们毕业后要为维持自身生活、支持终身学习而支付日益增长的费用，这在一定程度上影响了他们的就业心态，这部分大学生的就业期望值是普遍偏高的。

（2）家族传统就业观念的影响。家族传统的就业观念对毕业生择业领域的限制十分严重。例如，酒店管理专业主要是面向酒店业培养的专门人才，但该专业毕业生就业时，一些家长会百般阻挠，宁愿孩子待岗也不愿他们到酒店工作。因为一些家长认为孩子大学毕业后就应该端“铁饭碗”或应该从事管理工作等。

3．自身因素

（1）没有转变就业观念。部分大学毕业生由于受封建社会错误观念的影响，仍持有传统的“学而优则仕”的观念或“劳心者治人，劳力者治于人”的观念，认为高等教育培养的人才是“天之骄子”，就应该从事高端的、轻松的工作；认为毕业后不能找到一个声望好、待遇好的工作，就是个人事业的失败，甚至有轻视或鄙视某些职业劳动的现象。例如，某知名大学建筑系一名女生的观点就很具有代表性，她说：“我们是大学生，怎么能到工地上去做那些粗糙的活呢？我们希望能在办公室进行模型设计或者图纸设计。”而北京恒基伟业电子产品有限公司人力资源部经理则称：“大学生的就业潜力是很大的，但是现在的学生很多都眼高手低，对于一些基础性的工作不愿意做，这无疑是自绝就业门路。”

（2）对社会目前就业形势的认识不到位。大学毕业生对职业和社会的了解存在很大局限性和片面性，把就业前景想象得过于美好，从而直接导致期望值过高。然而，现实社会不是大学生想象中的理想社会，社会上的众多职业也不是他们心中绘制好的理想职业。我国大学生目前面临着巨大的就业压力，如何把剩余的劳动力变为人力资源，是一个亟待研究和解决的重大课题。很多大学毕业生没有清醒地认识到这一点，所以在求职过程中期望值过高，甚至宁可待业也不愿意下农村、基层和小公司。

（3）个人定位不准。首先，部分毕业生对本、专科生的培养目标和服务面向定位了解不多，对两者之间的区别与分工认识不足，在就业时不懂得充分展示自身的特色和优势，反而盲目认为用人单位重学历、轻能力（当然这种倾向是存在的，有的地区甚至还很严重）。其次，部分毕业生不能准确客观地为自己定位，对自己的性格、气质、兴趣及潜力并不了解，自我评价偏高。最后，部分毕业生对所学的专业知识、专业技能、学业水平、职业能力等没有形成正确的认识，对自己的职业方向和将要从事的具体工作没有较清晰的规划。这些都导致大学毕业生就业时确定过高的就业期望值。

（4）在就业过程中存在着攀高心理。部分毕业生把理想职业的选择标准定为“三高”，即高起点、高薪水、高职位。高起点，就是要求工作环境好（见图 1-9），有发展前途，最好是弹性坐班的单位；高薪水，就是要求较高的经济收入，追求较高的生活水平；高职位就是要求社会地位高，最好进入政府部门、事业单位及大公司的管理职位。不少毕业生要求所选择的工作具有如下特点：名声好一点，牌子响一点，效益高一点，工作轻一点，离家近一点，管理松一点。这是典型的贪图享受、怕吃苦的表现。这种攀高心理的直接后果就是提高了就业期望值，增加了就业难度，降低了就业成功率。

图 1-9　好的工作环境

（三）就业期望值的调整

就业形势日益严峻，各类院校应积极引导大学毕业生树立正确的人生观、价值观，树立行行建功、行行立业的观念，合理调整就业期望值，选择正确的择业道路，顺利实现就业。

大学毕业生应从以下几个方面调整就业期望值。

1．树立正确的就业价值观

价值观反映了一个人最重要的欲望、动机和追求目标。它对于一个人如何认识、评价、期望和要求自己有着重要的影响。大学毕业生如果树立了正确的就业价值观，就不会一味地追求体面的职业或过分强调职业的社会地位；就不会只求实惠，盲目地寻找报酬高的职业；就不会狭隘地理解就业方向，片面地强调“专业对口”；就不会不顾自身条件而一味地往热门职业里钻；等等。

2．树立社会主义职业道德观

社会主义职业道德的基本规范是“爱岗敬业、诚实守信、办事公道、服务群众、奉献社会”。社会主义职业道德的核心规范是为人民服务，它是贯穿于全社会共同的职业道德之中的基本精神。大学毕业生应不断加强自身的职业道德修养，树立为人民服务的职业观、道德观。有了这样的思想道德观念，大学毕业生在就业过程中就不会片面地期望高薪、贪图安逸、讲求实惠，才能够合理地确定符合实际情况的就业期望值。

3．准确定位职业目标

只有全面客观地认识自己、评价自己，才能确立适合自己的职业目标，对将来的就业有一个合理的预期。因此，大学毕业生应做到以下几个方面。

（1）自我反省。大学毕业生要学会正确地认识和评价自己，明确自己的职业发展方向、自己的个性特点、自己最适合做的工作、自己的优势和劣势等。在此基础上，把自己定位为从事普通工作的“应用型”“技能型”人才，并树立“先就业，再择业”的观念。

（2）合理对比。在正确认识和评价自己的基础上，将自己与社会上的其他人进行比较：一是与自己条件、情况类似的人进行比较，以便更加客观地认识自己；二是通过他人的评价和态度来认识自己，看看别人是怎样评价自己的；三是参加社会活动，通过活动的结果来分析、评价和认识自己，如参加社会实践、毕业实习等。

（3）心理测验。大学毕业生可根据自己的需要，在专业人员的指导下，对自己的气质、性格、兴趣、职业倾向等进行测验，以明确自己的个性特点，找出适合自己的职业方向，确定合理的职业目标和就业期望值。

4．正确认识就业形势

在信息化高速发展的现代社会，毕业生应具备“信息就是机遇，信息就是成功”的思想意识，及时搜集并掌握大量可靠的市场供求信息和就业信息，理性地分析就业现状，正确地认识就业形势，并及时调整自己的择业意向与就业期望，使自己的就业期望值更符合客观的就业需求，从而顺利实现就业。

5．保持良好就业心态

大学毕业生应当从长远角度来看待就业，保持良好的心态，做好就业心理准备，进而对就业做出合理的预期。大学毕业生只有调整心态，保持自信、乐观、开朗、热忱的精神状态，强化竞争意识，才能更好地迎接就业市场的挑战。

二、常见就业心理问题及其调适

大学生就业要有超强的心理承受能力

对于大学毕业生来说，就业是人生中的一个重要转折点，是其实现从学生到职业人角色转换的重要一环。及时调适就业心理，保持良好的心态，做好充分的心理准备，对大学毕业生成功就业具有十分重要的意义。

（一）就业中易出现的心理障碍

大学毕业生在就业过程中易出现的心理障碍有自我认知障碍、情绪障碍，以及从众、依赖、攀比等其他心理障碍。

1．自我认知障碍

（1）自卑心理。自卑的人通常对自身的素质和就业竞争能力评价过低。有些毕业生虽然具备一定的实力和优势，但自卑心理使其缺乏竞争勇气，不敢主动向用人单位推销自己，不敢参与就业竞争，从而陷入不战自败的困境之中。

（2）自负心理。自负的人通常心高气傲、自视过高，总爱抬高自己而贬低别人，有时候固执己见，唯我独尊，喜欢将自己的观点强加于人，在明知别人正确时，也不愿意改变自己的态度或接受别人的观点。有自负心理的毕业生通常有很高的就业期望值。他们认为，自己的综合能力比一般的劳动者高出一筹，理所当然应该获得条件好、待遇好的就业岗位，对用人单位十分挑剔。有自负心理的人不能清醒地分析当前的就业形势，不能正确地评价自身的能力和素质，一旦就业受挫，便会产生失落、烦躁、抑郁的心理现象。

2．情绪障碍

（1）焦虑心理。焦虑是指个人对即将来临的、可能会造成的危险或威胁所产生的紧张、不安、忧虑、烦恼等不愉快的复杂情绪状态。大学毕业生产生焦虑心理的原因主要有以下几个方面：① 对纷繁复杂的现实社会缺乏理性认识，在步入社会前心生恐惧；② 缺乏充分的就业准备，对所做出的选择不够坚定，因顾此失彼而感到彷徨；③ 缺乏就业方向或就业技巧，始终不能顺利就业，因不断受挫而感到恐慌。过度焦虑会对毕业生就业产生消极影响，它不仅会抑制毕业生的正常思维，而且会使毕业生难以集中注意力，甚至导致记忆力衰退，从而影响毕业生的正常生活。

（2）抑郁心理。抑郁是负面情感增强的表现。抑郁的人通常自觉情绪低落，整日忧心忡忡，对自我才智能力估计过低，同时对周围困难估计过高。在就业过程中，大学毕业生可能因为屡次遭受挫折而情绪低落、痛苦万分，进而导致抑郁。

（3）患得患失的心理。职业选择是对机遇的一种把握，错过机遇，将会与成功失之交臂。在就业过程中做职业选择时当断不断，患得患失，或者“这山望着那山高”，是导致许多毕业生陷入择业误区的一种心理障碍。

3．其他心理障碍

（1）从众心理。从众心理是指在做选择或从事某件事时盲目从众。不能正视就业的客观环境和自己的能力水平的毕业生易产生从众心理，在就业过程中常处于盲目、徘徊状态（见图 1-10）。

图 1-10　从众心理

（2）依赖心理。依赖心理是指缺乏独立意识和自主承担责任的意识。个人独立决策能力不足或缺乏进取精神的人容易产生依赖心理。在就业过程中，有依赖心理的毕业生通常表现为不主动出击，消极逃避就业市场，有“等”“靠”“要”的心理，依赖家人通融社会关系，试图通过关系就业；依赖老师、学校送工作上门，总念着“车到山前必有路”，幻想着天上掉馅饼，试图坐等就业；即便有就业选择的机会，也要向千里之外的家长寻求决策帮助，在做职业选择时拿不定主意，以致贻误择业时机。

（3）攀比心理。攀比心理是个体过分夸大自身被尊重的需要，在虚荣动机的驱使下所产生的比较极端的心理障碍。在就业过程中，由于每个人的生活环境、家庭背景、能力和性格、所碰到的机遇是不尽相同的，因而在择业目标、职业选择上不具有可比性。而不少毕业生争强好胜、虚荣心较强，容易产生攀比心理。在求职择业过程中，攀比心理较强的毕业生通常表现为忽视自身特点，不从自身实际情况出发，不考虑所选单位是否适合自己，而是与他人盲目攀比，不屑于到基层工作，总想找到一份超越别人的十全十美的工作。这种攀比心理使得不少毕业生迟迟不愿签约。

（二）诱发就业心理问题的主要因素

1. 社会因素

一方面，高校的连年扩招使得大学毕业生数量急剧膨胀，企业下岗人员再就业，机构改革后人员分流，农村富余劳动力进城，国内就业地区不平衡，以及人才“高消费”现象普遍等问题，使得就业形势日趋严峻，大学生产生就业危机感。另一方面，由于社会用人制度不完善，社会上一些不正之风渗透到大学生就业领域，如优秀毕业生不能到好单位就业，而成绩一般的学生凭借亲友的社会关系却找到好单位，这些现实因素影响了大学生就业的公平竞争，造成部分大学生心理上的不平衡，从而产生一些心理障碍。

2. 学校因素

一方面，大学毕业生在择业过程中产生的心理问题与一些院校的教学质量不高有密切的联系。知识不够用、能力不足是导致大学生就业时产生自卑、焦虑等心理问题的主要原因。另一方面，一些院校对大学毕业生开展的就业指导工作是临时性的，没有形成职业规划和就业指导的相应体系，就业指导工作明显滞后于大学生就业的实际进展，导致大学毕业生因缺乏经验或屡次失败等产生一系列心理问题。

3. 家庭因素

多数家庭对子女寄托的期望过高，希望他们能到收入较高的单位或经济发达的地区工作。这样就会让大学毕业生在就业时产生巨大的心理压力。

4. 学生因素

人与人之间存在着个体差异。在就业过程中，大学毕业生的个体差异主要表现在综合能力和自我认识方面。一些毕业生能力较强，在就业时比较自信，拥有勇于竞争的良好心态；而一些毕业生能力较弱，在就业时表现得消极自卑，易产生心理障碍。

（三）就业心理问题的调适

1. 学校角度——积极开展心理健康教育

（1）指导毕业生树立正确的人生观、价值观和就业观。学校应加强对毕业生的思想品德教育、国情教育，教育毕业生正确处理好社会需求和个人发展的关系，自觉地把集体利益与个人利益统一起来；教育毕业生要树立正确的就业观念，根据现实情况调整自己的期望值，充分运用自身的优势，为社会多做贡献。

（2）全面提高毕业生综合素质，增强其就业竞争力。从大一入学开始，学校就要引导新生为就业做充分的准备。学校要根据不同职业对求职者素质与能力的共性要求，有针对性地提高大学生的专业知识水平和专业技能水平。

（3）进行就业技巧指导，开展心理健康教育。毕业生在就业过程中产生心理问题，与毕业生的社会阅历、知识结构、认知水平、心理承受能力等有很大关系，学校应根据实际情况加强就业指导工作，并开展心理健康教育。具体而言，学校教学部门应开设就业指导课程，向毕业生讲授职业、就业及创业方面的知识，提升毕业生的综合素质；学校就业办公室应广泛宣传国家的就业政策，介绍社会发展状况，及时通过媒体、网络提供人才供求信息，使毕业生对就业环境有全方位的了解；学校心理咨询中心可对毕业生提供心理测试服务，帮助毕业生客观地认识自己，分析自己的优势和不足，指导毕业生提高适应社会的能力，从而避免产生各种心理问题。此外，学校教育工作者还应对毕业生进行挫折教育，以锻炼其心理承受能力。

（4）进行相应的体验式培训。心理学研究表明，在传统式培训活动中，培训对象在课堂中仅吸收 10%～30%的培训内容，并且随着时间的推移而逐渐遗忘。而体验式培训采用科学的“多重感官学习法”，即包括小组讨论、深度会谈、情景活动、角色扮演、作业练习、行动指南等方式，使培训对象通过亲身体验获得相应的经验，从而在有限的时间内学到尽可能多的知识。就业心理指导工作可采用体验式培训来帮助毕业生获得就业的相关知识和就业心理的调适方法。

2．自身角度——积极进行就业心理调适

（1）客观认识自我，树立正确的就业观。大学毕业生应根据所学的专业确定就业方向，充分了解劳动力市场的人才供求情况，根据自己的职业兴趣、专业特长、实际能力、性格特点、家庭情况等合理地确定就业期望值。

（2）保持良好的就业心态。就业过程中的竞争是实力的比拼，也是心理素质的较量。良好的就业心态主要表现为能冷静地分析就业形势，理智地看待就业问题，泰然地应对就业竞争，乐观地面对就业挫折。

（3）提高抗挫折能力。就业过程中的优胜劣汰现象是客观存在的，每个大学毕业生都应正视和面对这个现象，正确看待就业过程中的困难和失败，提高抗挫折能力，培养健康的就业心理。

（4）学会运用心理学原理和方法进行心理调适。心理调适是指使用心理学方法或技巧改变个体心理活动的绝对强度，增强正向的心理力量，进而改变心理状态的过程。适当的心理调适能帮助大学毕业生缓解心理冲突，消除心理误区，有效地排除心理障碍，从而以积极的心态面对求职择业问题。大学生就业心理问题的自我调适方法主要包括以下几种：

① 自我转化法。即个体在就业过程中产生不良情绪时，采取迂回的方式，把情感和注意力转移到其他活动中去，如参加兴趣活动、学习新技能、假日郊游等，减轻或消除不良情绪对自己的影响。

② 适度宣泄法。即个体在产生不良情绪时，通过适当的方式把情绪宣泄出来。大学毕业生在就业过程中遇到挫折时，不能一味地把不良情绪藏在心里，而应进行适度的宣泄，如向知心朋友或老师倾诉（见图 1-11），参加打球、爬山等运动量大的活动等。宣泄情绪时一定要注意场合，并遵守适度原则。宣泄应该是无破坏性的。

图 1-11 向知心朋友倾诉

自我心理调适方法

③ 松弛练习法。即个体通过一定的程式训练，使自己在精神上及躯体上得到放松的一种行为治疗方法。这种方法可以帮助大学毕业生迅速减轻或消除各种不良的身心反应，如焦虑、恐惧、紧张、失眠、头疼等。

④ 自我安慰法。即个体为自己找一种“合理”的解释，“自圆其说”，以减轻精神上的压力。大学毕业在就业过程中遇到困难和挫折时，不必苛求自己，可说服自己适当让步，承认并接受现实，找一个自己可以接受的理由来保持内心的安宁。

⑤ 理性情绪法。理性情绪疗法认为，情绪困扰并不一定由诱发事件直接引起，而是由经历者对事件的非理性观念引起的，如果将非理性观念变为理性观念，就可消除情绪困扰。例如，个别毕业生认为“大学生就业应该是顺利和理想的”，所以在就业过程中遇到挫折时便消沉苦闷或怨天尤人，产生不良情绪，引发心理问题。如果改变这些错误想法，不良情绪就会消除，就业心理就能得到调适。

课堂讨论

在学习和生活中，你常采用怎样的方法调适自己的心理？

3．社会和家长角度——给予积极的关注和引导

社会要努力为毕业生提供良好的就业环境与氛围，为毕业生提供更多的择业机会，并尽快完善和规范大学生就业市场，加快人事制度改革，建立公正、公平的就业竞争机制。另外，家长和亲友要主动关注毕业生择业期间的心理变化，积极配合学校的就业指导工作，加强与毕业生的沟通，引导他们树立正确的就业观，缓解他们的心理压力，促使他们以积极、健康的心态面对就业。

总之，只要各方面共同努力与协作，大学生的就业心理问题就能得到解决。

拓展阅读

不良就业心理的调适

一、焦躁心理的调适

要克服焦虑、急躁的心理，就应改变事事求稳、求顺的想法，增强竞争意识。要知道，求职过程本身就是一个优胜劣汰的过程，即使通过竞争自己找到了比较理想的职位，如果不继续努力，也可能丢掉这份工作。而且，有竞争就必定有风险和失败，确立竞争意识，以平常心看待成败，就能避免焦躁心理。同时，毕业生还应克服急于求成的心理，不盲目攀比、从众，这样能避免焦虑或减轻焦虑的程度。

二、自卑心理的调适

正如一句名言所说："你之所以感到巨人高不可攀，只是因为自己跪着。不信，你站起来试一试，你一定能发现，自己并不比别人矮一截。许多事情别人能做到的，你经过努力，一样能做到。"要消除自卑心理，关键在于能够正确地评价自己，发现自己的优点。实践中，可以采取以下方法调适自卑心理。

（1）优点列举法。列举自己的诸多优点，然后请同学、父母写出"我的优点"，以最大限度地发掘自己的优点和优势。

（2）能力展示法。要克服自卑心理，还必须学会恰如其分地表现自己的才能，并掌握一定的社交能力。例如，学会如何平静地与人交谈、如何接近陌生人、如何同别人寒暄、如何进行开场白，如何使谈话继续或终止等技巧。

（3）自我暗示法。求职失败时，可以暗示自己，失败、成功都是自己的事，无须担心他人的评论；求职遭遇挫折时，可以暗示自己，如果此次面试不行，还会有下一个机会，这个单位不录用，还有其他的单位在等着自己；面试时，可以暗示自己，面试无非是一场谈话，尽量使自己放松。

（4）成功体验积累法。可以通过设定小目标、完成小目标的方式，不断积累成功的体验，不断激励自己，增强自信心。

三、自负心理的调适

人不能没有自信，但是自信过了头，就成了自负。自负的人不能客观看待自己的优势，当心中的高目标不能实现时，便会产生失望、挫折的心理。克服自负心理的关键在于正确认识和评价自己。

四、依赖心理的调适

要克服依赖心理，一方面，要充分认识到依赖心理的危害，提高自己的行动能力，不要什么事情都指望别人，遇到问题要做出属于自己的判断和选择，增强自主性和创造性，学会独立地思考问题；另一方面，要在生活中培养行动的勇气和习惯，自己能做的事一定要自己做，自己没做过的事要试着去做，通过在行动上不断累积的成功体验来强化行动的自主性。

五、从众心理的调适

从众心理在一定程度上有助于人们遵从一定的规范，形成一致的行为，完成群体目标。但其消极影响不容忽视，因为它倾向于使人们形成标准统一的行为模式，排斥与众不同，不利于人们的个性发展和才能发挥。

在就业问题上，要克服从众心理，其关键还在于认清自我，了解自己的价值观，弄清自己的优势和劣势，摆正自己的位置，以求真务实、脚踏实地的态度来求职择业，而不是盲目随大流；此外，要克服从众心理，还应适当地表现自己，展示富有特色的自己。跨越“从众”的矮墙，才能告别平庸，走向卓越。

六、自责心理的调适

要克服自责心理，毕业生首先要学会用积极的思维方式看待事物，学会将思维中的负性词语改为正性词语。例如，将“我觉得很无奈，又失败了！”改为“除了努力，我还有什么更有价值的事情可以做？”“怎样才能创造新的突破？”；将“我为什么这么痛苦？”改为“为了解决问题，我现在可以做什么？”“我怎样想和怎样做才最有利于问题的解决？”；将“因为我找不到工作，所以，别人看不起我，我闷闷不乐”改为：“我只是暂时没有找到工作，但是我要更加努力，因为只有这样才能改变现状，才能有就业的机会。因为只有这样，我才能挽回面子。因为只有这样，我才能改变我在大家心目中的形象。”其次，毕业生应使自己的求职目标保持一定的灵活性。例如，在正确了解职业要求和自身优势的基础上，制订一个分为高、中、低三个档次的求职目标，并适时调整，有针对性地参加招聘会和投放简历。此外，适度的倾诉、宣泄和放松练习也有助于减轻自责心理。

七、嫉妒心理的调适

首先，要克服嫉妒心理，最好的方法是提高自己的能力。有这样一个关于嫉妒心理故事：

一位老师在地上画了一条直线，问他的学生：“你怎样才能把这根线变短呢？”学生用手把线擦掉了一部分。老师摇了摇头，在旁边又画了根更长的直线，说：“与这根线相比，刚才那根线就变短了。做人也如此啊！”学生明白了老师的用意，从此改掉了自己喜欢嫉妒别人的毛病。

由此可见，要使自己比别人“长”，最好的办法不是把别人“擦短”，而是让自己更“长”，也就是提高自己。

其次，要克服嫉妒心理，还应学会与人协作。一个人的能力总是有限的，不可能具备别人的所有长处。毕业生应该承认自己在某一方面不如他人，学会学习他人的长处，在向他人学习的同时学会与人协作。只有这样，才能克服嫉妒心理，同时提高自己的综合能力。

最后，要克服嫉妒心理，需要树立正确的竞争观，发现自身的长处。一个人在嫉妒别人时，总是注意到别人的优点，而不能发现自己的优点。一个人有意识地发掘自己的优势或长处时，就会让自己失衡的心理恢复到平衡的状态。

（资料来源：文库下载，https://www.wenkuxiazai.com/doc/ee41e48102d276a200292e77.html）

案例点评

“案例引导”所讲述的是一个因供需双方都不熟悉就业政策而导致签约失败的案例。一方面，用人单位的人事部门在招聘毕业生之前没有详细了解当地接收毕业生的新政策；另一方面，毕业生在求职的过程中也犯了不了解政策、盲目求职的错误。毕业生是求职成功的直接受益者，在求职前很有必要了解各地的就业政策，尤其是新出台的政策，要十分留意。否则，容易在就业过程中走弯路，甚至错失就业良机，给自己带来不必要的麻烦。

事迹采撷

筑梦之旅——新农人返乡创业，成乡村振兴有力推手

2020年国庆节期间，电影《我和我的家乡》戳中了不少人的内心。电影里，曾经连颜料都买不起的孩子，为家乡设计出了一所梦幻山村学校；乔树林为了推广家乡特产，请师姐闫飞燕帮忙直播带货；被俄罗斯列宾美术学院录取的马亮，最终还是选择了在家乡发展稻田画，振兴家乡经济……

和电影里一样，年轻人返乡创业、带动乡村发展的故事一直在现实生活中发生着。越来越多的年轻人带着知识和技术投身于广袤的乡村田地，成为带动乡村振兴的有力推手。他们在带动家乡发展的同时，也成就了自己的梦想。

90后彝族女孩小杨是返乡创业大学生中的一员，从研究生到博士生，她和团队成员用了3年时间深入家乡四川省凉山彝族自治州进行调研。2018年3月，她创办了“彝居匠造”，将现代设计与传统彝族文化结合，邀请非遗传承人与“新匠人”参与设计制作。她的公司在生产链和产业上游释放出大量工作岗位，为当地贫困人员带来了就业机会。小杨觉得，返乡创业的年轻人可为家乡带来新技术、新观念，激活家乡沉睡的特色资源，同时还可避免城镇化建设中的千篇一律。

25岁的小郭在2016年把碱地柿子种植项目带回家乡辽宁省盘锦市，成立了盘锦菜根堂农业科技有限公司。小郭和公司的技术团队还开办了“农民夜校”，为种植碱地柿子的农民免费开展技术培训，进行政策解读。碱地柿子丰收了，很多农民兴奋地说：“没想到种地也有这么多学问。”

江苏省苏州市的“草莓硕士”小林总结出一套适合当地的草莓生态种植技术，带动周边种植户一起走生态路线。如今，小林还有另外一个身份——苏州御亭现代农业产业园管理员。她和她的团队负责掌握农村企业优惠政策，对接农业人才，鼓励和帮助更多农业企业和人才创新创业。2017年开始，她开设了“大学生创业培训”“现代

农业发展经验分享和思考”两门课程，以自身经验鼓励新农人培养科研思维，在实践过程中尝试科学试验。在她的带动下，多名毕业于北京大学、南京农业大学等高校的高材生或是带着项目落户，或是作为技术员在苏州御亭现代农业产业园工作。

（资料来源：中国青年网，http://news.youth.cn/gn/202010/t20201020_12536781.htm）

【心得体会】

躬行践履

1. 就业形势与政策调查

内容：全班学生每 5 人一组，分工协作，调查最新高职大学生的就业形势与政策，并形成调查报告和政策汇编。

要求：

（1）选用合适的调查方法，从宏观和微观两个方面进行调查。

（2）归纳总结就业形势的特征及就业难点，并分析相应的原因。

（3）从国家政策和地方政策两个方面，分层级、类别整理各类就业政策。

（4）针对所调查的就业形势与就业政策，提出高职大学生的就业对策。

（5）形成数据鲜明、图文并茂的调查报告。

2. 主题辩论

辩题：当前大学生面临的就业形势是喜大于忧，还是忧过于喜？

要求：

（1）全班学生每 10 人一组，其中，8 名成员担任正反方辩手，1 名成员担任主持人，1 名成员担任计时员。

（2）正反两方成员查阅相关资料，做好辩论准备，在辩论过程中阐述本方观点，反驳对方观点，同时用具体数据或事例进行解释说明。

（3）在辩论过程中，观点明确，论据充分，语言表达流畅，语意表达清楚。

（4）老师点评，分析高职大学生的就业形势与对策。

就业加油站

（1）《大学生就业指导》（肖辉、周海、吴计生编著，水利水电出版社，2018 年 9 月）。

（2）全国大学生就业公共服务立体化平台：http://www.ncss.org.cn/。

（3）中国就业：http://www.lm.gov.cn/。

（4）中国就业网：http://www.chinajob.gov.cn。

（5）中国校园招聘网：http://www.91job.net.cn。

（6）中国高校毕业生就业信息网：http://www.myjob.edu.cn。

（7）中国企业人才网：http://www.job100.com。

（8）中国校园网：http://www.54youth.com.cn。

（9）前程无忧：http://www.51job.com。

（10）智联招聘：http://www.zhaopin.com。

项目二 了解就业流程 探寻就业途径

篇首导言

随着大学生就业压力的不断增大，越来越多的大学生会选择考研或出国深造，一部分大学生选择公务员考试、参加“三支一扶”计划或西部志愿者计划等，还有一部分大学生响应国家号召而应征入伍。在就业过程中，毕业生需要按照一定的流程办理一系列就业手续，包括离校手续、报到手续、人事代理手续等。这些手续都与毕业生的权益息息相关，所以毕业生有必要了解就业的基本流程和相关手续。

本项目首先引导大学生了解基本的就业流程，然后介绍常见的就业途径，引导大学生根据自身情况探索合适的就业途径，为其顺利就业打下基础。

学习目标

知识目标：

✧ 了解就业管理部门的工作流程。

✧ 熟悉应届毕业生的就业流程。

✧ 熟悉离校、报到和人事代理的程序及相关手续。

✧ 了解常见就业途径的相关知识。

素质目标：

✧ 志存高远、脚踏实地，不畏艰难险阻，勇担时代使命，把个人的理想追求融入党和国家事业之中。

✧ 认识到基层是青年人实现价值的舞台，基层大有可为、大有作为，从而勇于扎根基层，奉献青春。

经典语录

只要朝着一个方向努力，一切都会变得得心应手。

——勃朗宁

人生活的世界上好比一只船在大海中航行，最重要的是要辨清前进的方向。

——潘菽

案例引导

大学毕业季：十字路口的抉择

小李是热能与动力工程系的班长，他说班里100名同学中，有20名同学参加了考研，40名同学找到了工作并已签了约，还有近20名同学正在找工作或者准备自己创业，另外还有20名同学正在准备公务员省考和事业编考试。他说，还有同学准备了双保险，已经考下了教师资格证，为随时走上教师岗位做好了准备；还有两名同学加入了“毕婚族”的行列，应了中国那句“先成家后立业”的老话。

这些面对人生重要抉择的毕业生们，对自己的未来是如何规划的呢？

公考追求安全感，规划未来职业

在大学生眼中，公务员是公认的“铁饭碗”。小李说自己是理科生，所学的专业并不适合考公务员。在前两次的大学生招聘会上，他选择了一家能够近距离接触技术且职位与所学专业相匹配的企业，相比其他企业的待遇，这家企业给的工资并不高。小李说：“薪水不是最重要的，能够学到技术和最新的实践知识才是最重要的。”

可是，只在那家企业待了一个月，小李便又回到校园，他说：“工作时间太紧张了，每天除了在路上，就是在企业。我不想一出校门，就变成一个一直低头拉车，没有时间抬头看天的人。”随后，小李开始准备选调生考试。在他的班里，还有近20名同学准备公务员省考和各单位的事业编考试。“如果考上，并能回到我们村子，我首先考虑的就是改善一下村里的环境。”他对自己充满信心。同样备考的小高说：“公务员就是工作稳定，工资和福利待遇虽然不是很高，但社会地位比较高。”

与其找工作四处碰壁，不如自己创业

小刘在数百家招聘企业中，没有找到一份自己满意的工作。于是他选择了与女朋友小雅一起创业。小雅也是本届毕业生，她在山东省武术院学习了武术。临近毕业，看着身边的同学为找工作历尽艰辛，她决定回德州和男朋友一起创业。

“弹腿，扣手，弓步，下劈……”，在德州经济技术开发区一小区内的门市房内，洪亮的吆喝声清晰有力，5个孩子正在挥拳踢腿，练得有板有眼，小雅在一旁悉心指点。这个位于小区角落的只有四五十平方米的门市房，是小刘和小雅所办的“武术学校”。“我想找个合适地方稳定下来，但房租太贵，跟人合租是没办法。”小雅四处寻找合适的大型室内练功房，但数额不小的房租让她头疼不已。

考研进一步提升，让自己足够强大

在众多毕业生中，也有很多人放弃就业机会，选择了考研，小秦就是其中一员。“我觉得研究生比本科生择业更有优势，当然，在今后的学习中，还可以进一步开阔眼界，提升素养，这些都是无形的财富。”小秦说，在毕业和就业之间，自己也犹豫了很久。因为自己学的是热能与动力工程，要么去电厂做工人，要么就放弃所学专业。想来想去，小秦决定通过继续深造来提高自己。

“现在社会上的大专生和本科生找工作没有任何优势，如果想找到一份满意的工作，还是需要进一步提升自己，让自己足够强大。”小秦说，自己将珍惜在学校的日子，努力提高自身专业技能，做到学以致用。

结婚有了后方营垒，才有勇气往前冲

家可以让男人更有责任感，让女人不因家庭而放弃事业。男人早点成家，会让自己心智更加成熟，更好地为事业奋斗。“毕业后就成家，可以早点生子，等孩子长大点儿，就可以无后顾之忧地为事业打拼，不用担心结婚生子耽误工作发展，企业也更放心招募这样的女人，因为不用再休婚假和产假了。”小程在5月20日和男朋友领了结婚证后，就选择了旅行结婚。

小程说，在这届毕业生中，有3名同学也选择了在5月20日那天领结婚证，做了“毕婚族”。对于刚毕业的大学生来说，结婚无疑是需要勇气的，而在小程看来，他们已经做好了准备。她的老公是一名年轻的工程师，并在一家企业工作了两年多，稳定的收入和公婆早已给备下的婚房，让小程婚后的生活没有任何压力。

“当然，女人还是要有自己的事业的，不一定赚多少钱，但我会给自己定一个目标。因为有了足够的经济能力，生命才能够有活力，能够实现自己的梦想。”小程对自己的将来也做了详细的规划。

（资料来源：搜狐网，https://www.sohu.com/a/16405318_115512）

任务一　了解大学生就业流程

一、就业管理部门的工作流程

大学毕业生的就业管理机构，大致由三部分组成：教育部主管全国大学毕业生就业；各省、自治区、直辖市和中央各部委的有关部门分管本地区、本部门的大学毕业生就业工作；各高等学校和各用人单位负责本校毕业生就业的具体事宜和接收安置毕业生事宜。

（一）政府就业管理部门的工作流程

政府就业管理部门的工作流程大致分为以下五个步骤。

（1）人力资源和社会保障部门会同教育部等部门对年度国民经济发展和国家重点建设工程情况开展调查研究，制定相应的政策，从而确定年度的就业工作意见。各省、自治区、直辖市、中央各部委按照文件精神制定出本地区、本部门所属高校毕业生就业工作的具体意见。这项工作，一般在毕业前的半年内执行完毕。

（2）教育部在每年的10月份左右向各地区、各部门提供下一年度的毕业生资源情况，包括毕业生所在学校、所学专业及毕业生的来源地区等。教育部还负责向社会及时通报毕业生资源情况和需求情况，并适时组织毕业生供需信息交流工作。

图 2-1　供需见面洽谈会

（3）各地区、各部门和各高校的就业管理机构在每年的 11 月至下一年的 5 月，采取多种形式召开由学校和用人单位参加的“供需见面，双向选择”洽谈会（见图 2-1），并利用网络等方式为毕业生求职择业创造条件，提供服务。

（4）各高等学校在完成全部教学计划以后，按照国家统一要求，一般从 7 月 1 日开始，根据就业方案为毕业生办理离校手续。

（5）毕业生报到工作结束后，各级就业管理机构对当年毕业生就业情况进行认真总结。各地教育部门将全国毕业生就业数据转交给各地人力资源和社会保障部门门，由人力资源和社会保障部门门继续对离校暂时未就业毕业生提供培训等服务。

（二）各高等学校就业管理部门的工作流程

学校就业管理部门的工作流程大致如下：

（1）生源统计。每新学年开学初（8～9 月），学校就业中心从学信网下载第二年预计毕业学生的基本信息，各院系按实际情况对信息进行核对，并补充学生的联系方式等信息，以确保预计毕业学生各项信息准确无误。

（2）制订专业介绍。每新学年开学初（8～9 月），各高校印制就业宣传册，全面介绍毕业生所学专业、培养目标、专业内容、课程设置、毕业生适应的工作领域、专业前景等情况。

（3）毕业生资格审查。毕业生资格审查的目的是确认和核实每一位毕业生的入学资格。毕业生资格审查的主要内容是毕业生姓名、专业、学制、培养方式、生源地等，所审查的内容以学信网和省级招生部门招生底册上的内容为准。若信息有不一致之处，则须出具相关证明。例如，若姓名信息不一致，则须出具市区级公安部门的改名证明；生源地变迁，须出具户籍变动证明（由现住址所在地的派出所出具户口迁移证明信）；降级、休学、转系、转专业等，须出具学籍变动证明（由学生处、教务处共同签字盖章的证明信）。

（4）发放就业协议书。就业协议书是明确毕业生、用人单位和学校在毕业生就业工作中的管理和义务的书面文件。一般由教育部或各省、市、自治区就业主管部门统一印制，由学校就业办统一编号后发放。就业协议书信息必须准确填写，单位名称必须与单位公章信息一致，不要简写、误写或写别名，复印、自制协议书无效，姓名栏涂改无效。就业协议在毕业生签字、用人单位盖章并经学校就业办盖章后即可生效。就业协议书是就业派遣的唯一依据，毕业生应仔细阅读上面的条款及说明，核查自己的名字、专业是否有误，并妥善保管。

（5）走访。向用人单位介绍毕业生情况，了解各地区就业政策，收集需求信息。

（6）向用人单位发邀请函，收集需求信息，邀请用人单位参加学校毕业生就业供需见面会。

（7）组织校园招聘会，举办毕业生供需见面会。

（8）针对下一届学生开展就业讲座，进行全方位的就业指导。

（9）收集已签好的就业协议书。用人单位签署意见并盖章后再由学校就业办盖章。协议书一式四份：学校一份（作为就业方案制订依据），用人单位一份，省教育厅一份（就业派遣依据），学生本人一份。

（10）学校制订就业方案后上报省教育厅。

（11）户籍文件、档案的转寄。学校户籍管理部门根据就业方案统一办理户籍关系转迁证明，并发放给毕业生本人。离校后，学生持户籍关系转迁证明到用人单位报到，再持户口迁移证和工作单位证明到辖区公安部门办理户籍迁移手续。在毕业生离校后，学校统一将学生档案寄（送）到用人单位或当地人力资源社会保障局。

（12）办理改派手续。大学生在毕业后一年内可办理改派手续。办理程序如下：原单位出具退函；新单位出具接收函；大学毕业生携原单位的退函、新单位的接收函及就业通知书到学校就业中心办理改派手续。

二、应届毕业生的就业流程

毕业生首先应了解有关的就业政策，搜集和处理就业信息，准备求职材料（包括简历、求职信及能够证明自己学历和能力的各类材料）；然后有针对性地参加招聘会并投递简历，参加笔试和面试，若被用人单位录用，则可以与之签订就业协议书。

应届毕业生通常按以下就业流程办理相关手续：

（1）毕业生领取学校就业办公室发放的《毕业生登记表》《毕业生就业推荐表》《毕业生就业协议书》，在《毕业生登记表》和《毕业生就业推荐表》上填写相关信息，交到各院系就业办公室。

（2）毕业生落实就业单位后，与用人单位签订就业协议书，双方签字、盖章。

（3）毕业生持就业协议书到学校就业创业工作处审核、盖章，将其中一份交给学校就业创业工作处，一份交给用人单位，自己保留一份。

（4）毕业生持就业协议书到学校就业创业工作处领取档案、户口迁移证、毕业证等材料，或者由学校将档案邮寄至用人单位人事处或学生户籍地人才市场档案管理中心。

（5）毕业生到户籍所在地派出所办理户口迁移手续。

（6）毕业生在用人单位规定的时间内到用人单位报到。

三、离校、报到和人事代理

大学生在校学习期满，各科成绩达到毕业要求后，就要着手办理离校手续，并准备到用人单位报到了。大学生应当在即将结束的大学生活的最后阶段，积极主动地配合学校做好各项工作，做到文明离校，顺利就业。

（一）离校

毕业生在完成学业后、离开学校前要进行毕业鉴定，填写《毕业生登记表》，并办理离校手续。

1. 毕业鉴定

毕业鉴定是指大学生即将毕业时，通过回顾自己大学期间的德、智、体等方面的综合表现，为自己所做的准确、客观的评价和总结。因此，毕业生应高度重视此项工作，要认真、实事求是地做好自我鉴定。

（1）毕业鉴定的主要内容如下：

- ❖ **思想道德素质方面。**① 对党的领导和党的路线、方针、政策等方面的认识和理解，参加学校组织的各项思想政治教育活动的情况；② 遵守国家各项法规和制度及校纪校规的情况；③ 参加集体活动、团结同学的情况；④ 参与社会实践活动的情况等。
- ❖ **学习方面。**① 学习态度和学习自觉性方面的表现；② 学习成绩和专业知识的掌握情况；③ 科研活动成果及创新能力方面的表现。
- ❖ **身心素质方面。**① 参加各项体育活动的情况；② 体育达标情况及体育特长；③ 身体健康状况；④ 心理健康状况等。
- ❖ **综合能力方面。**① 自己的专长和特点；② 交际与沟通能力；③ 对社会的认知和适应能力等。
- ❖ **存在的主要缺点、问题及今后的努力方向。**

（2）毕业生进行毕业鉴定时应当注意以下事项：① 要认真听取老师和同学们的意见；② 要实事求是，不能有虚假内容，更不能满纸空话、套话，要使人看了鉴定如见其人，以便用人单位对自己有所了解；③ 态度要端正，字迹要工整；④ 奖励和处分都要写清楚，尤其是对处分，切不可隐瞒。

2. 《毕业生登记表》的填写

《毕业生登记表》是由教育部统一制作的学生毕业材料之一，其主要内容包括毕业生基本情况、学习经历、社会关系、个人总结、班级鉴定、毕业实习单位和实习内容、毕业论文题目或毕业设计、本人工作志愿、学校意见等。这是毕业生在校综合情况的反映和记载。毕业生应按照每个栏目的具体要求认真填写。学校应认真核实其中的各项内容，应以对国家负责、对毕业生负责的态度严肃对待。

3. 毕业生离校手续的办理

毕业生一般应在离校前一周左右办理以下手续：

（1）到所在院（系）领取离校手续单。

（2）到校党团部门办理党团组织关系转递手续。

（3）到图书馆办理图书及借书证等的清缴手续。若将学校的图书损坏或丢失，则应按照学校的有关规定予以赔偿。

（4）到财务部门进行费用核对、清退。

（5）到宿舍管理部门办理退宿手续，交还宿舍钥匙。若损坏宿舍内公物，则应按照学校的有关规定予以赔偿。

（6）到教务部门交还借用的教学仪器和用具。

（7）享受国家助学贷款的毕业生，应到贷款管理部门办理有关手续。

（8）领取毕业证、学位证和户口迁移证。

（二）报到

1．毕业生报到程序

毕业生在办理完所有离校手续后，即可持毕业证、学位证等有关证件到用人单位报到。对大部分毕业生来说，这一阶段是就业活动的最后阶段，主要任务包括办理报到手续、迁转户口关系、转移人事档案等。

（1）用人单位应按国家规定接收毕业生。毕业生报到后，用人单位应根据工作需要和毕业生所学专业及时安排工作岗位。

（2）毕业生到用人单位报到的注意事项如下：

① 应在离校前检查离校手续是否已办理完毕。注意检查户籍迁移证、党团组织关系转移介绍信、毕业证书、学位证书等是否已领取，同时要认真核查这些材料上的信息是否准确无误，如有错误或疏漏的信息，要及时向学校申请更改或补充。

② 在前往用人单位报到的途中一定要妥善保管好自己的所有行李物品，特别是办理报到手续所需的材料，因为一旦丢失，补办这些材料费时费力，将延误到用人单位报到的时间。

③ 应在规定的报到期限内前往用人单位报到。确有特殊原因不能按时报到的，应主动与用人单位联系，说明原因并征得用人单位同意。

④ 毕业生一经办理报到手续，无论是否在试用期，都应严格遵守用人单位的各项规章制度，服从工作安排。

2．几种特殊情况的处理

（1）结业生。结业生通常是指在校期间未按学校规定修完指定课程学分，不能获得毕业资格，只能由学校发给结业证的学生。按照《普通高等学校毕业生就业工作暂行规定》，结业生在择业期内落实了工作单位的，可以办理就业报到手续；在择业期内没有落实就业单位的，由学校将其档案、户籍关系转到其家庭所在地政府人事部门的人才交流中心，以便其自谋职业。

（2）肄业生。肄业生是指具有正式学籍但未完成教学计划规定的课程而中途退学的学生（被开除学籍者除外）。肄业生由学校发给肄业证，其户籍关系转至入校前户籍所在地。

（3）离校前体检不合格者。按照《普通高等学校毕业生就业工作暂行规定》，学校应在派遣前认真负责地对毕业生进行健康检查，对于不能坚持正常工作的毕业生，让其回家休养；一年内治愈的（经学校指定县级以上医院证明能坚持正常工作的），可以随下一届毕业生就业；一年后仍未治愈或无用人单位接收的，由学校将其户籍关系和档案材料转至其家庭所在地，按社会待业人员处理。

（4）提前修完学分的优秀学生。在实行学分制的学校，少数优秀学生在修完规定学分后提出申请，经学校有关部门审核准予提前毕业的，报省级毕业生就业主管部门批准，可列入当年毕业生就业计划。

（5）升学的毕业生。毕业生在择业期间若参加了升学考试，在择业时应向用人单位说明情况。若毕业生未被录取，则到用人单位就业；若毕业生接到录取通知，则应将录取结果及时告知用人单位并征得用人单位同意。

拓展阅读

毕业生就业的有关规定

一、报到期限的规定

毕业生的报到期限一般为一个月。若因某种特殊原因，如生病、外出遇灾未归等，不能如期报到，应采取书信、电话等方式向用人单位请假并说明情况。逾期不报到，又未向用人单位请假者，用人单位有权拒收。

二、改派工作单位的规定

改派适用于已经落实就业单位的毕业生在离校后由于主客观原因需要改变就业去向，或派遣时未落实就业单位的毕业生找到就业单位后需要重新办理就业手续的情况。毕业生在两年择业期内均可以办理改派手续。省内生源毕业生跨市调整、出省或在省直单位就业时，须到省毕业生就业指导中心办理改派手续。已派回生源地的高校毕业生，要求跨省改派的，也须到省毕业生就业指导中心办理改派手续。省内生源毕业生在所在市所属各单位之间改派时，须到各市毕业生就业主管部门办理改派手续。

毕业生在办理改派手续时须提供以下材料：① 原接收单位的退函；② 与新单位签订的就业协议书；③ 原户口迁移证；④ 学校就业指导中心的改派意见。

在校保留档案的毕业生要求办理就业手续时，应由学校开具同意办理就业手续的证明，并说明学生的毕业时间、所学专业、就业单位等。

（资料来源：豆丁网，http://www.docin.com/p-1155804061.html，有改动）

（三）人事代理

1．人事代理的概念

人事代理是指政府人力资源和社会保障部门所属的人才交流机构本着充分尊重毕业生自主择业的原则，高效、公正、负责地为各类毕业生解决就业过程中的人事方面的问题，并提供以档案管理为基础的社会化人事管理与服务。人事代理工作由县（市）以上（含县、市）政府人力资源和社会保障部门所属的人才交流服务机构负责。

下列毕业生均应办理人事代理手续：① 凡通过双向选择，已与外资企业、股份企业、乡镇企业、区街企业、私营企业、民办科技、教育、医疗机构、各种中介机构等非国有单位或实行聘用制的国有企业、事业单位签订就业协议书的毕业生；② 择业期内暂未落实就业单位，正在择业的毕业生；③ 准备复习考研的各类毕业生等。

2. 人事代理的内容

（1）向毕业生提供人事政策和法律法规方面的咨询服务。

（2）为毕业生保管人事档案，并提供档案借阅、传递服务。

（3）负责档案工资的核定调整，连续计算工龄。

（4）为毕业生办理见习期满后的转正定级，专业技术职务资格评审。

（5）代办养老保险、失业保险、医疗保险等社会保险业务。

（6）负责管理毕业生的组织关系材料。

（7）为毕业生挂靠户口关系。

（8）负责办理毕业生的人事关系接转手续。

（9）为毕业生办理出国（出境）政审材料呈报手续。

（10）承办与人事管理相关的其他事宜。

3. 人事代理的作用

保护毕业生的合法权益。不同性质的单位，其人事劳动制度有显著区别，毕业生在不同单位之间流动时会面临许多人事方面的问题，如人事档案的保存、工龄的连续计算、社会保险的转移和接续、职称评定等，而人事代理业务能帮助毕业生解决这些问题，使毕业生的合法权益得到有效的保护。

4. 人事代理的程序

毕业生的具体情况不同，毕业生人事代理手续的办理程序也有所不同。

（1）择业期内已落实用人单位的毕业生将就业协议书交到省、市人才交流中心，由省、市人才交流中心审核后签署人事代理意见。毕业生将就业协议书送交学校，由学校统一办理户口迁移证，并将毕业生档案交到省、市人才交流中心。毕业生持毕业证、户口迁移证等材料到用人单位报到，用人单位无集体户口的，毕业生可直接将户口迁入省、市人才交流中心集体户。

（2）择业期内暂未落实用人单位及准备升学、出国的毕业生，持就业协议书到省、市人才交流中心，由省、市人才交流中心审核签署人事代理意见。毕业生将就业协议书交至学校，由学校统一办理户口迁移证，并将毕业生档案送交省、市人才交流中心。毕业生持户口迁移证、身份证等材料到省、市人才交流中心报到，签订人事档案管理合同，将户口迁入省、市人才交流中心集体户。

（3）择业期满仍未落实用人单位的毕业生，学校将其人事档案邮寄到生源地的人力资源和社会保障部门，由该部门所属的人才交流中心负责接收并管理毕业生的人事档案。

拓展阅读

毕业生档案的相关问题

一、什么是毕业生档案？

毕业生档案是学生毕业前家庭情况、学习成绩、身体状况等的文字记载材料，是用人单位选拔、聘用毕业生的重要依据，在校时叫学籍档案，毕业后叫人事档案。总的来说，它是个人经历的记录，也是人事管理和服务的依据。

二、毕业生档案内有哪些材料？

毕业生档案里主要有高校毕业生登记表、学习成绩单、在校期间的一切奖惩材料、入团入党志愿书、毕业离校前的体检表及毕业生报到通知书等材料（见图 2-2）。

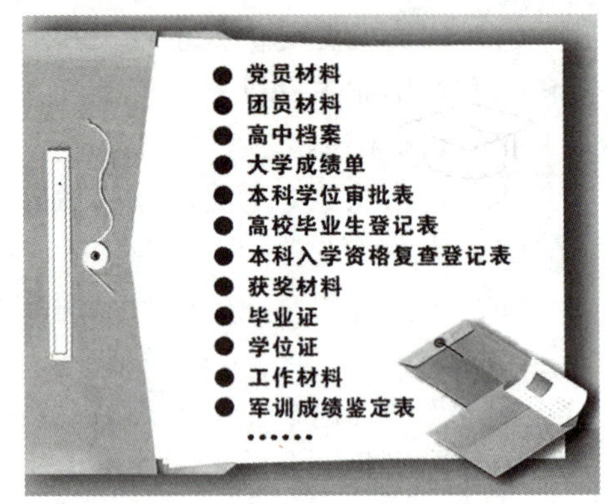

图 2-2　毕业生档案里的材料

三、档案有什么作用？

档案除了供用人单位考察录用人员之外，也是毕业生维护个人权益和福利的凭证。无论是工作调动、考研、公务员报考，还是职称评审、资格证考试、工龄认定、社保办理、住房补贴发放、入党、办理退休等，都要用到它。

四、毕业生如何对待自己的档案？

（1）若用人单位有人事档案管理权，可以独立管理人事档案，那么毕业生只需要将用人单位详细的档案接收地址提供给学校，学校就可直接转递档案。

（2）若用人单位没有人事档案管理权，可以集体委托存档，那么毕业生将用人单位委托的人力资源公共服务机构名称提供给学校即可。

（3）若用人单位既没有人事档案管理权，又不能集体委托存档，那档案将会转递到户籍所在地的人力资源公共服务机构，毕业生可以前去办理个人委托存档。

（资料来源：百家号-微言教育，https://baijiahao.baidu.com/s?id=1634414111792283963&wfr=spider&for=pc）

任务二　探寻多种就业途径

一、直接就业

直接就业主要指大学生报考公务员或事业单位、应聘企业（包括国有企业、民营企业、合资企业和外资企业）职位等，以落实就业单位。下面简要介绍报考公务员和应聘企业职位的相关知识。

（一）报考公务员

1．公务员及公务员考试的概念

按照我国《公务员法》的规定，公务员是指依法履行公职、纳入国家行政编制、由国家财政负担工资福利的工作人员。

我国公务员分为中央国家机关公务员和地方公务员。相应地，公务员考试分为国家机关公务员考试和地方公务员考试。中央国家机关公务员考试是指中央、国家机关及中央国家行政机关派驻机构、垂直管理系统所属机构录用机关工作人员和国家公务员的考试。地方公务员考试是指地方各级党政机关、社团等为招录机关工作人员和国家公务员而组织进行的各级地方性考试。

2．公务员招考步骤

公务员招考按照各级人力资源和社会保障部门的统一部署开展，一般包括以下步骤：

（1）发布招考公告。报考公告的内容包括招考单位、招考职位、招考专业、招考人数、报考条件、报名方式、考试科目及内容、报名时间及方式、考试时间及地点等。

（2）报名。若采取网上报名的方式，则报考人员须先在网上填写相关资料，然后将这些资料打印出来，在规定的时间内持相关证件，到指定地点进行资格确认。如果只是现场报名，报考人员应到指定的报名地点办理报名手续。办理手续时，报考人员一般应持以下报名材料：应届毕业生持本人身份证、学生证、《应届毕业生就业推荐表》、成绩单、近期正面免冠照等；其他人员持本人身份证、户口簿、学历证书和有关证明材料、本人近期正面免冠照等。

（3）考试。考试包括笔试和面试。笔试一般由招考单位统一命制试卷、统一组织考试并阅卷评分。对笔试合格的考生，招考单位的人力资源和社会保障部门门依笔试成绩高低顺序，按招考职位和拟录用人数的比例确定面试对象（见图 2-3）。不同招考单位的面试时间会有差异，各招考单位会在相关网站发布通知。

图 2-3　公务员考试竞争激烈

（4）体检和考核。对面试合格的考生，招考单位按笔试、面试成绩各占 50%的比例计算总成绩，依总成绩高低顺序，按照招考职位拟录用人数等额确定体检、考核人选。体检不合格者，按成绩高低顺序依次补录。

（5）录用。招考单位根据考生总成绩高低顺序和体检、考核结果，择优拟定录取人选，报省人力资源和社会保障部门门审批。

（6）试用期。新录用的国家公务员，试用期为 1 年。试用期满合格的，予以正式任职；不合格的，取消录用资格。

拓展阅读

国家公务员面试

国家公务员录用面试主要测评应试者的基本素质和实际工作能力，包括与拟任职位有关的知识、经验、能力、性格和价值观等基本情况。

面试内容分为若干测评要素，主要包括综合分析能力、语言表达能力、应变能力、组织协调能力、人际交往的意识与技巧、自我情绪控制、求职动机与拟任职位的匹配性、举止仪表和专业能力。必要时，可根据职位要求增加其他测评要素。

面试测评方法由公务员录用主管机关规定。录用主管机关主要采用结构化面谈和情景模拟相结合的方法，也可根据拟任职位的要求采用其他测评方法。

面试的实施由面试考官小组负责。面试考官小组一般由用人部门内部相对固定并具备面试考官资格的人员组成（人数为 5 名或者 7 名）。面试考官小组设主考官 1 名。

（资料来源：公考资讯网，http://www.chinagwy.org/html/kszc/gj/201204/42_37133.html，有删改）

课堂讨论

什么样的人适合报考公务员？请展开讨论，相互交流，并说明理由。

3．公务员招考对象及报考条件

我国招考国家公务员的工作分级进行，国家公务员考试由人力资源和社会保障部统一组织实施，地方公务员考试由各省（自治区、直辖市）人力资源和社会保障厅（局）组织实施。虽然国家公务员考试和地方公务员考试有所不同，但招考对象和报考条件大同小异。

（1）招考对象。招考对象为应届和历届毕业的专科生、本科生、研究生（定向培养生除外）等。

（2）报考条件。具体要求如下：① 具有中华人民共和国国籍；② 年满 18 周岁；③ 拥护中华人民共和国宪法，拥护中国共产党的领导和社会主义制度；④ 具有良好的政治素质和道德品行；⑤ 具有履行职责的身体条件和心理素质；⑥ 具有符合职位要求的文化程度和工作能力；⑦ 法律规定的其他条件。

报考公务员，除应当具备上述条件外，还应当具备省级以上公务员主管部门规定的拟任职位所要求的资格条件。

根据《公务员法》第 26 条的规定，下列人员不得录用为公务员：① 因犯罪受过刑事处罚的；② 被开除中国共产党党籍的；③ 被开除公职的；④ 被依法列为失信联合惩戒对象的；⑤ 有法律规定不得录用为公务员的其他情形的。

4. 公务员考试的内容

（1）笔试内容。笔试（公共科目笔试）包括“行政职业能力测验”（以下简称“行测”）和“申论”两科。全部采用闭卷考试的方式。考试没有指定教材。

- **行政职业能力测验。**行政职业能力测验试题为客观性试题，考试时限为 120 分钟，满分为 100 分。行政职业能力测验主要测查与公务员职业密切相关的、适合通过客观化纸笔测验方式进行考查的基本素质和能力要素，包括言语理解与表达、数量关系、判断推理、资料分析和常识判断等部分。
- **申论。**申论试题为主观性试题，考试时限为 180 分钟，满分为 100 分。申论考试要求应试者对给定材料进行分析、概括、提炼和加工，以测查应试者的阅读理解能力、综合分析能力、提出和解决问题的能力及文字表达能力。申论材料通常涉及某一个或某几个特定的社会问题，要求应试者能够准确理解材料所反映的主要内容，全面分析问题所涉及的各个方面，并能在把握材料主旨和精神的基础上，提出自己的观点、思路或解决方案，准确流畅地用文字表达出来。

（2）面试内容。应试者只参加公共科目笔试和面试的情况下，综合成绩如下：公共科目笔试总成绩占 50%，面试成绩占 50%；其计算公式为“（行测+申论）/2×50%+面试×50%”。应试者除了参加公共科目笔试和面试外，还要参加专业科目考试的，综合成绩如下：公共科目笔试总成绩占 50%，面试成绩和专业科目考试成绩共占 50%。例如，2019 年某机关单位特殊岗位的成绩计算方式如下：公共科目笔试总成绩×50%+专业笔试成绩×15%+面试成绩×35%。一般来说，入围面试的应试者的笔试分数都相差不大，甚至只相差 1 分或 0.5 分，因此，面试成绩格外重要，应试者要做好充分的准备才能突破重围。

拓展阅读

国家公务员考试与地方公务员考试的区别

一、从考试性质来说

国家公务员考试属于招聘考试，应试者填报相应的职位进行考试，经过笔试、面试体检等录用程序，一旦被录取便成为相应职位的工作人员。地方公务员考试有资格考试和招聘考试两种，绝大多数地方公务员考试采用的是招聘考试的方式，应试者选择职位并报名参加考试，被录取后直接成为招考单位相应部门的公务员。国家公务员考试和地方公务员考试各自独立进行，不存在隶属关系。应试者可根据自己的需要选择所要参加的考试，可同时报考国家公务员和地方公务员。

二、从招考对象来说

国家公务员考试面向全国招考。地方公务员考试主要面向当地的居民、在当地就读的大学生或本省生源的大学生，对于某些对技术要求或者学历要求比较高的特殊人才，通常会面向全国招考。

各省市对参加考试的应届生的生源要求各不相同。例如，上海市某机关单位的招考公告规定报考者应为“上海市高等院校，国务院各部、委、办、局所属高校（含已划转地方的高校），或列入‘211’工程建设的地方高校的本科以上的优秀毕业生”。

一般来说，政府在招录公务员时对应届毕业生是给予照顾的。近几年，在公务员招考过程中，对参加了“西部计划”（即大学生志愿服务西部计划）、“特设岗位”（即针对已满服务期的四项基层服务人员而特别设置的岗位）、“三支一扶”（即支教、支农、支医和扶贫计划）、“青南计划”（即大学生志愿服务青南计划）等项目计划且服务期满的大学毕业生，给予5～10分的加分奖励。

三、从考试科目来说

国家公务员考试包括笔试（分为公共科目和专业科目）和面试。一般情况下，国家公务员考试和地方公务员考试的笔试科目为行测和申论，只是在题目设置上略有不同。通常，国家公务员考试的行测试题为140道，题量比地方公务员考试的行测试题多20道，难度也稍微大一些。与此同时，在地方公务员考试中，招考单位可能根据具体情况调整笔试科目。例如，北京公务员考试的笔试科目是行测和公共基础知识；浙江省的是行测和综合基础知识。若要报考地方公务员考试，则应注意查阅招考单位公布的招考简章，以便有针对性地进行复习。

四、从考试时间来说

从2002年起，国家公务员招录工作的时间是固定的，报名时间固定在每年11月的第一个星期六，考试时间则固定在每年12月的第三个星期六。

地方公务员考试的时间差异很大，而且每年的招考时间会有一些变动，部分省份每年有春、秋季两次考试。此外，地方政府还会组织一些关于选调干部到基层的考试，有些机关的用人部门还会单独招考。除了省级机关单位的公务员考试，各个非省会城市的机关单位也会组织一些考试，大学毕业生应注意查询招考单位的相关网站。

各类公务员考试的报考不受次数限制，只要时间上不冲突，毕业生可以参加多次公务员考试，如国家公务员考试、学校所在地的地方公务员考试、生源地的地方公务员考试，以及一些对生源没有限制的地方公务员考试等。

（资料来源：简书，https://www.jianshu.com/p/fc7ded99b990，有改动）

（二）应聘企业职位

在市场经济和互联网科技快速发展的形势下，大学毕业生应聘企业职位的途径更加多样化。概括起来，主要有以下几种。

1. 到实习单位就业

实习单位提供的职位一般与毕业生的专业对口。通过实习，毕业生不仅可以进一步巩固所学的专业知识，还能通过实践锻炼实操能力，提高专业技能。在实习过程中与实习单位达成就业协议，是一种很好的就业方式，尤其是对医学类专业、师范类专业及走校企合作途径的毕业生来说。

现在大多数用人单位已经意识到，在实习活动中挑选优秀的毕业生，不仅可以给毕业生一个锻炼机会，还可以让单位自身有更充足的时间考查毕业生。一般情况下，被留用的毕业生通过实习对用人单位有了一定的了解，能够缩短入职后与用人单位的磨合期。因此，不少用人单位会优先选用在本单位实习过的毕业生。如果有条件，毕业生可以利用空余时间或寒暑假找一份实习工作，一方面可以锻炼自己的业务能力，另一方面可以增加工作经验，为毕业求职做准备。

在实习工作中，毕业生应该勤奋好学，不怕吃苦，保持工作热情；在与同事相处的过程中，建立良好的人际关系，虚心地接受他人的批评或建议。

拓展阅读

湖南首家高职院校“产业学院”落户长沙环境保护职业技术学院

2019 年 4 月 3 日，“长沙环境保护职业技术学院北控水务学院”正式揭牌，这是湖南省成立的首家“产业学院”，也是长沙环境保护职业技术学院与北控水务集团继 2014 年开展校企合作以来，再次携手，强强联合，深度推进“校企共同体”双主体平台建设。

“与企业共建产业学院是我院校企融合的一个新举措。”长沙环保职院的刘院长介绍，学院自获批教育部第三批现代学徒制试点单位以来，一直积极探索完善人才培养模式（见图 2-4），“定制”创新型工匠，促进教育链、产业链、市场需求有机衔接，提升专业整体发展水平和行业服务能力。

图 2-4　现代学徒制人才培养模式

刘院长说：“产业学院为我们人才培养模式找到了很好出口。成立产业学院后，企业成了联合主体，校企之间构成‘发展共同体’关系，基本达成‘合作方所需，就是专业教学所向。合作方所有，就是专业教学所用’的共识，可以有效实现产与教同频共振，缩短供需落差、学用落差。产业学院也为学生创新创业与就业实践提供更好的条件，与同一专业领域学生相比，产业学院的学生具有更多的优势，成为直接受益者。”

中国生态环境产教联盟理事长、北控水务集团高级副总裁表示，北控水务集团作为中国香港主板上市公司，现有水厂 890 余座，以智慧水厂试点建设为突破，需要众多既懂管理、又懂技术与生产运营的高级复合型人才。实现校企深度合作是北控水务集团酝酿已久的战略举措，旨在通过运转良好的校企合作，实现学校、企业、学生的“三赢”局面。2013 年起，北控水务集团与 20 多所院校签订了校企合作协议，一起为绿色中国的明天积蓄力量。

据悉，成立“北控水务学院”后，环保职院将在之前环境工程技术专业的基础上，新增“智慧水务”“城市资源综合利用”两个专业方向，校企双方在教学团队、课程体系、职业资格标准、教材等方面联合建设。“北控水务学院”还会致力于人才培养、技术研究、推广应用等方面协同创新，承办中国生态环境产教联盟“环境院校师资训练营”，开展校企“双元制”模式育人，以现代学徒制等形式开展定制化培养，为北控水务集团、长江经济带乃至整个环保行业培养输送人才。

（资料来源：ZAKER 新闻，http://www.myzaker.com/article/5ca49eba1bc8e08817000035/）

2. 参加现场招聘会

参加各类现场招聘会是毕业生就业的重要途径。

图 2-5　校园招聘会

（1）校园招聘会。学校就业指导部门是毕业生就业工作的职能部门，具体负责组织、指导和协调各系（院）毕业生的就业工作，经过多年的工作实践，与许多用人单位建立了稳定的合作关系。学校就业指导部门每年都会举办若干次大型综合性校园招聘会和小型专场校园招聘会。校园招聘会如图 2-5 所示。

许多毕业生对招聘会特别是校园招聘会寄予厚望，这是因为：首先，校园招聘会由学校或政府相关部门主办，主办单位会对进场的招聘单位的资质进行必要的审查，这在一定程度上可以确保招聘单位的质量；其次，通常有许多大企业入驻校园招聘会；最后，通过参加招聘会，毕业生能积累求职经验，尤其是通过多次与用人单位的工作人员沟通，能掌握一些面试技巧。

校园招聘会的针对性较强，因为用人单位通常在了解学校的相关情况后，才有针对性地发出人才需求信息。参加校园招聘会的用人单位不会对毕业生提出工作经验方面的要求。参加校园招聘会的学生通常是本校学生，相对来说人数不算太多，应聘的成功率较高，特别是系（院）级的专场招聘。

不少用人单位在校园招聘会期间还会举办宣讲会或供需洽谈会（见图 2-6）。毕业生可借此机会了解用人单位的招聘职位信息和企业文化。有些用人单位会在宣讲会上收集简历，甚至直接进行面试。

图 2-6　高校毕业生供需洽谈会

校园招聘会的相关信息一般在学校就业信息网和校内公告栏发布。毕业生一定要重视校园招聘会，主动参与，积极应聘。

（2）省（市）大中专毕业生专场招聘会。为促进毕业生就业，培育就业市场，各省（市）通常会举办大中专毕业生专场招聘会。例如，“江西省2019届高校毕业生系列专场就业洽谈会”就是由江西省教育厅主办、江西省高等院校毕业生就业工作办公室及各相关院校承办的专场招聘会。这类招聘会一般由政府相关部门主办，各省（市）应届毕业生均可免费参加。这类招聘会的特点是参会的用人单位数量多、地域分布广，需求的专业种类和人数都比较多，能为毕业生提供较多选择，但前来应聘的毕业生也多，竞争激烈。对于此类招聘会，毕业生应尽早入场，提前搜集需求信息，把握签约机会。

拓展阅读

江西省2019届高校毕业生“互联网+”陶瓷类专场就业招聘会

2018年11月10日，由江西省教育厅主办，江西省高等院校毕业生就业工作办公室、江西省高等院校毕业生就业指导服务中心、景德镇陶瓷大学、景德镇学院、景德镇陶瓷大学科技艺术学院、江西陶瓷工艺美术职业技术学院联合承办，江西乐易考教育科技有限公司协办的“江西省2019届高校毕业生‘互联网+’就业洽谈会陶瓷类专场”在景德镇陶瓷大学湘湖校区体育馆举行（见图2-7）。

图2-7 江西省2019届高校毕业生“互联网+”就业洽谈会陶瓷类专场

本次招聘会邀请和吸引了全国各地陶瓷制造、机械、电子、文创、教育、金融、贸易等相关行业206家用人单位参会，为毕业生提供了6 344个就业岗位，岗位涵盖了陶瓷材料类、陶瓷艺术类、机电类、商务类、管理类、信息类、外语类、体教类等专业。

景德镇各高校众多毕业生积极前来应聘，用人单位与毕业生就业双选工作顺利有序地进行。毕业生在现场认真、仔细地了解各用人单位，投递出个人简历，与用人单位进行面对面交流。用人单位的招聘人员为前来咨询的毕业生介绍了单位运营状况、员工工资待遇和工作环境等求职者比较关注的问题，同时提出单位的招聘要求。毕业生与用人单位在沟通交流中得以相互了解，不少毕业生在现场和用人单位达成了初步意向。

（来源：中国高校之窗，http://www.gx211.com/news/20181114/n15421777837716.html）

（3）行业专场招聘会。行业专场招聘会大多由教育部门与各行业主管部门联合举办。行业专场招聘会的特点是对与行业相关的专业人才需求量大，相关专业的毕业生求职成功率高。对于这类招聘会，相关专业的毕业生应积极参加。

（4）人才市场举办的招聘会。参加人才市场举办的招聘会也是实现就业的有效途径之一。各地人才市场举办的招聘会所提供的需求信息涉及范围较广，包括不同层次、不同行业的人才需求信息，很多用人单位要求求职者具有一定的工作经验。毕业生在参加此类招聘会前，应先弄清楚有哪些用人单位参加招聘，从中找出自己的目标单位和职位，到招聘会现场后直奔招聘单位所在场地，这样可以节省很多时间。

3. 参加网络招聘会

近年来，网络招聘会已经成为毕业生求职的重要途径之一。国家发展改革委、人力资源和社会保障部门、教育部和国务院国资委等部门还专门组建了“全国高校毕业生就业网络联盟”，每年都安排了相当数量的网络招聘会，各省市也有为数不少的网络专场招聘会。从网络招聘会上获取招聘信息并成功就业的毕业生越来越多。

网络招聘会的一个突出特点是“迅速”和“节省”，它可以实现资源共享，简化招聘程序，节约就业成本，提高就业效率。毕业生只需要登录相关招聘网站，就能根据用人单位的需求信息投递电子简历或进行视频面试等。如果参加现场招聘会，毕业生往往要借用交通工具，对于异地求职的毕业生来说，在交通和住宿方面将产生一笔不小的开销。

毕业生利用网络求职时，应针对不同的用人单位精心设计每份简历，并在有效时间内将电子简历发给用人单位，以提高求职的成功率。网上求职时，由于用人单位和求职者双方不见面，所以毕业生须在简历上突出自己的优势。当然，网上求职时，也要提防网络骗局。

拓展阅读

全国高校毕业生就业网络联盟网络招聘会

全国高校毕业生就业网络联盟网络招聘会（见图 2-8），以全国大学生就业公共服务立体化平台为依托，以战略性新兴产业、高新技术产业、文化产业、现代服务业、现代农业等国家重点扶持行业为主要就业渠道，每年联合国务院国资委、人力资源和社会保障部门、工业和信息化部、科技部、商务部、农业农村部等行业部委共同举办公益性网络招聘会，深受广大用人单位与高校学生的欢迎。用人单位参加网络招聘会时须先注册，审核通过后方可自主发布招聘信息。毕业生参加网络招聘会时应先注册，填写完个人简历信息后，即可在线投递简历。

图 2-8 全国高校毕业生就业网络联盟网络招聘会页面

（资料来源：教育部大学生就业网，https://www.ncss.org.cn/wlzph/）

4．借助社会关系求职

借助社会关系求职是一种传统的就业途径。在就业市场上，许多用人单位采用熟人推荐的方式招聘员工。因为熟人推荐的人一般比较可靠，用人风险低，而且与正规招聘相比，招聘成本也相对较低。因此，毕业生应当积极地借助社会关系求职。

通常，可以为自己提供就业机会的社会关系成员如下：① 家庭成员和亲戚；② 父辈的同学、同事及朋友；③ 老师、校友等。此外，部分求职者也可尝试挖掘个人的人脉圈，并利用这些关系积极求职。

5．博客求职

博客求职是一种以求职为目的，对个人的专业知识、技能、个性、品质、特长、思维方式及兴趣爱好等诸多方面进行综合展示的求职方式。随着网络技术的发展，博客求职逐渐流行，具体表现为毕业生在互联网上以网络日志的形式公开展示个人的相关情况，一般设有个人简历、求职特区、职业感悟、生活故事、照片、视频等不同的版块，以便用人单位全面地了解自己。

博客求职的优势如下：

（1）通过博客，用人单位可以多角度地了解毕业生。

（2）与其他求职途径相比，博客求职可让更多的用人单位了解毕业生。

（3）大部分毕业生可以在网站上免费注册自己的博客，通过博客求职的成本较低。

当然，目前很多用人单位对于博客求职并不完全认同，主要原因如下：

（1）网上虚假的信息太多，无法排除部分毕业生的求职博客存在抄袭、弄虚作假等情况。

（2）用人单位没有足够的时间和精力去看毕业生的求职博客。

因此，不建议每个人都去尝试博客求职，但对于个别需要展示毕业生的文笔、设计理念、创新能力及作品的职位，采用博客求职的方式能提高求职的成功率。

博客求职只是一种辅助性求职途径，一定要与其他途径相结合，比如结合纸质的自荐书、求职信等。

6. 境外求职

我国经济融入全球经济体系，为国人参与国际竞争提供了前所未有的机遇。我国是人口大国，人力资源丰富，为解决日趋严峻的就业难题，可通过开拓国际市场来拓展更多的就业空间。如今，境外求职成为实现就业与再就业的重要途径，日益受到大学毕业生的青睐。

近年来，我国境外就业的形式从单一化走向多元化。以往，求职者主要通过中介机构介绍和亲戚朋友介绍而出境就业，而现在境外就业渠道日益拓宽。例如，通过对外贸易、国际技术转移、售后服务、服务外包、文化交流、区域合作等带动境外就业；通过跨国投资兴办境外企业或兼并境外企业带动境外就业；通过移民、定居海外来实现境外就业；通过留学或培训实现境外就业等。

同时，境外就业的行业分布也日趋多元化，就业结构呈现出从传统的制造业、建筑业和农林牧渔业逐步向教科文卫、计算机等其他技能领域发展的趋势。

二、政策性就业

政策性就业是国家为支持中西部发展、引导学有所成的大学生到祖国最需要的地方建功立业，所采取的一系列鼓励大学生基层就业锻炼的政策，包括大学生志愿服务西部计划（以下简称“西部计划”）、农村义务教育阶段学校教师特设岗位计划（以下简称“特岗计划”）、高校毕业生“三支一扶”计划、选调生、毕业生应征入伍等。毕业生在加入这些政策性就业队伍并达到一定服务年限后，可获得考研总分加分、公务员岗位优先录取、学费或助学贷款代偿等政策优惠。

（一）参加西部计划

1. 西部计划的含义

西部计划是由共青团中央、教育部、财政部、人事部（现为人力资源和社会保障部）于 2003 年根据常务会议和全国高校毕业生就业工作会议精神联合组织实施的（见图 2-9）。该项计划从 2003 年开始实施，按照公开招募、自愿报名、组织选拔、集中派遣的方式，每年招募一定数量的普通高等学校应届毕业生或在读研究生，到西部基层开展为期 1～3 年的教育、卫生、农技、扶贫等志愿服务工作。

大学生志愿服务西部计划

图 2-9 “西部计划”

西部计划按照服务内容分为基础教育、服务三农、医疗卫生、基层青年工作、基层社会管理、服务新疆、服务西藏七个专项，主要包括推进农村共青团工作，全国农村党员干部现代远程教育试点工作，基层检察院、基层人民法院、基层司法援助、西部农村平安建设等方面的志愿服务工作。对于服务期满的志愿者，鼓励其扎根基层，或者自主择业和流动就业，并在其升学、就业方面给予一定政策支持。

2. 西部计划的优惠政策

参加西部计划的大学生志愿者除享受国家规定的高校毕业生就业优惠政策外，还可以享受以下政策优惠：

（1）服务期间，中央财政给予必要的生活补贴（含交通补贴和人身意外伤害、住院医疗保险）。其中，生活补助每月 1 000 元/人，交通补贴每年发两次，按志愿者家庭所在地和服务地之间的实际里程发放。

（2）服务期间计算工龄，党团关系转至服务单位。志愿者本人要求户口和档案保留在学校的，按规定保留两年，在此期间，档案管理机构保管其档案并免收服务费用；本人要求将户口转回入学前户籍所在地的，公安机关按照规定为其办理落户手续，人力资源和社会保障部门门、教育部门所属人才交流机构负责办理相关手续。志愿者服务期满并落实工作单位后，公安机关按有关规定为其办理户口迁移手续。

（3）服务期间可兼职或专职担任所在乡镇团委副书记、学校及其他服务单位的管理职务。

（4）服务期满考核合格者，报考研究生时给予加分，在同等条件下优先录取，具体规定在当年的研究生招生政策中予以明确。

（5）服务期满考核合格者，报考党政机关公务员时可适当加分，同等条件下优先录用，具体规定由省级公务员考试录用主管机关在当年招考公告中予以明确。

（6）服务期满将对志愿者做出鉴定，并存入其本人档案；考核合格者，为其颁发证书，作为志愿者服务经历和就业、创业的证明。

（7）服务单位应向志愿者提供住宿等必要的生活条件；用人单位在录用党政机关公务员和新增国有企事业单位专业技术人员、管理人员时，应优先录用志愿者。

（8）志愿者服务期为 1 年、服务期满考核合格的，授予“中国青年志愿服务铜奖奖章”；服务期为 2～3 年、服务期满考核合格的，授予“中国青年志愿服务银奖奖章”；表现优秀的授予“中国青年志愿服务金奖奖章”；表现特别优秀的，推荐参加“中国青年五四奖章”“中国十大杰出青年”“中国十大杰出青年志愿者”“国际青少年消除贫困奖”等评选。

（9）西部计划志愿者在服务期间，志愿者保险由全国项目办统保，险种为大学生志愿服务西部计划志愿者综合保障险。

3. 如何成为一名西部计划志愿者

对于一名应届大学毕业生来说，能够参加西部计划，成为一名大学生志愿者是一件值得骄傲和自豪的事情。西部计划是面向所有应届高校毕业生或在读研究生进行公开招募的，只要是政治素质好、遵纪守法、品行良好、身体健康、自愿到西部发展的大学生都可以报名。报名参加这项计划，需要大学生做好充分的思想准备，因为西部的工作和生活环境比较艰苦。全国所有的普通高等院校都设立了项目管理办公室，可以直接接受大学生的咨询和报名，并负责大学生资格审核和选拔录用工作。按照择优录取的原则，最后由大学生及大学生所在学校与省级项目管理办公室共同签订服务协议后，大学生就能正式成为西部计划的志愿者。

（二）参加特岗计划

1．特岗计划的含义

特岗计划是由教育部、财政部、人事部（现为人力资源和社会保障部）、中央编办从2006年开始联合实施的一项对西部地区农村义务教育的特殊政策。其目的是通过公开招聘高校毕业生到西部地区“两基”攻坚县、县以下农村义务教育阶段学校任教，引导和鼓励高校毕业生从事农村义务教育工作（见图2-10），创新农村学校教师的补充机制，逐步解决农村学校师资总量不足和结构不合理等问题，提高农村教师队伍的整体素质，促进城乡教育均衡发展。

图2-10 “特岗计划”

2．特岗计划的招聘程序

特岗计划实行公开招聘、合同管理，聘期为3年。合同规定用人单位和应聘人员双方的权利和义务。招聘工作遵循“公开、公平、自愿、择优”和“三定”（定县、定校、定岗）原则，按下列程序进行：① 公布岗位；② 自愿报名；③ 资格审查；④ 考试和考核；⑤ 体检；⑥ 确定招聘人选；⑦ 岗前培训；⑧ 教师资格认定；⑨ 签订协议；⑩ 派遣上岗。

3．特岗计划的招聘对象

特岗计划的招聘工作于每年4月份启动，7月底前完成。

（1）全日制普通高校师范类专业应届本、专科毕业生。

（2）全日制普通高校具备教师资格条件的非师范类专业应届本科毕业生。

（3）取得教师资格，同时具有一定教育教学实践经验、年龄在30岁以下且与原就业单位解除了劳动（聘用）合同或未就业的全日制普通高校往届本科毕业生。

报名者应同时符合教师资格条件要求和招聘岗位要求。参加西部计划、“三支一扶”计划支教服务且服务期满的志愿者，参加过半年以上实习支教的师范院校毕业生及生源地考生，在同等条件下优先录用。

4．特岗计划的优惠政策

3年聘任期间的优惠政策：① 执行国家统一的工资制度和标准，给予与当地正式教师同等的待遇，绩效工资不足的部分由地方财政承担；② 津贴和补贴由各地根据当地同等条件公办教师收入和中央补助水平综合确定；③ 提供必要的交通补助和体检费，按规定纳入当地社会保障体系。

3 年聘任期满后的优惠政策：① 鼓励特设岗位教师在服务期满后继续从事农村教育事业，对考核合格、自愿留在当地学校的特设岗位教师，当地政府负责落实工作岗位，纳入教师编制，工资发放纳入当地财政统发范围；② 重新择业的，各地政府为其重新选择工作岗位提供便利条件和必要帮助；③ 可推荐免试攻读教育硕士；④ 特设岗位教师 3 年聘期视同“农村学校教育硕士师资培养计划”要求的 3 年基层教学实践。

（三）参加“三支一扶”计划

1. “三支一扶”计划的含义

“三支一扶”计划即支教、支农、支医和扶贫计划（见图 2-11）。支教计划就是到师资紧缺的基层义务教育学校从事支教服务；支农计划就是到乡镇或农技服务部门从事支农服务；支医计划就是到乡镇卫生院从事支医服务。扶贫计划就是到乡镇从事扶贫开发项目服务，工作时限一般为 2 年。工作期满后，毕业生可自主择业，择业期间享受一定的政策优惠。“三支一扶”计划的目的在于为高校毕业生向基层单位落实就业问题提供具体的指导和保障。

图 2-11　“三支一扶”

2. “三支一扶”计划的招募程序

（1）每年 4 月底前，省级工作协调管理办公室收集、汇总乡镇一级教育、农业、卫生、扶贫等基层岗位需求信息，并上报全国“三支一扶”工作协调管理办公室，同时面向全社会公开发布。

（2）每年 5 月底前，各地根据招募计划和实际情况，采取考核或考试的方式进行招募。通过审核、体检确定人选后，省级工作协调管理办公室要组织“三支一扶”大学生签署《高校毕业生“三支一扶”计划申请书》。

（3）6 月底前将“三支一扶”大学生名单上报全国“三支一扶”工作协调管理办公室备案。经过培训，每年 7 月底前派遣“三支一扶”大学生到服务单位报到。

3. “三支一扶”计划的招募对象和条件

“三支一扶”计划的招募对象主要为全国普通高等学校应届毕业生，并且毕业生应具备以下条件：① 政治素质好，热爱社会主义祖国，拥护中国共产党的基本路线和方针政策；② 学习成绩合格，具有相应的专业知识；③ 具有敬业奉献精神，遵纪守法，作风正派；④ 身体健康。

4. “三支一扶”计划的优惠政策

“三支一扶”服务期间，“三支一扶”大学生的工作、生活补贴标准参照本地事业单位从高校毕业生中新聘用工作人员试用期满后的工资水平确定。“三支一扶”大学生参加社会保险的相关费用，要纳入财政给予的工作、生活补贴范围。

“三支一扶”服务期满后的相关政策包括以下几个方面：

（1）原服务单位有职位空缺需要补充人员时，应优先考虑接收服务期满且考核合格的“三支一扶”大学生。县、乡各类事业单位有职位空缺需要补充人员时，也应拿出一定职位专门吸纳这部分大学生。

（2）服务期满自主创业的“三支一扶”大学生，可享受行政事业性收费减免、小额贷款担保和贴息等有关政策。应届毕业生自愿到国家需要的艰苦地区、艰苦行业做基层工作，服务达到国家规定年限并符合相应条件的，可享受国家助学贷款代偿政策。

（3）服务期满且考核合格的“三支一扶”大学生，报考党政机关公务员的，可以享受适当增加分数及其他优惠政策，优先录用；到西部地区和艰苦边远地区服务 2 年以上，服务期满后 3 年内报考硕士研究生的，初试总分加 10 分，同等条件下优先录取。已被录取为研究生的应届高校毕业生参加“三支一扶”项目的，学校应为其保留学籍。

（4）服务期满且考核合格的“三支一扶”大学生，可以根据本人意愿回到原籍或者到其他地区工作，凡落实了接收单位的，接收单位所在地区应准予落户；进入国有企业单位的，由接收单位按照所任职务比照同等条件人员确定其职务工资标准；按服务期限计算工龄；今后晋升中高级职称时，同等条件下优先评定。

（5）高职（高专）毕业生参加“三支一扶”计划，服务期满且考核合格的，可免试入读成人高等学历教育专科起点本科。对已落实就业岗位的大学生，各级“三支一扶”办公室要按规定落实助学贷款代偿、工龄计算、服务年限视同社会保险缴纳年限等政策。

先锋力量

基层天地广阔，青春大有作为

在大山深处，在贫困地区，在偏远农村，有一支近 40 万人的“三支一扶”队伍扎根基层就业，用专业知识改善当地百姓的生活。

赵少辉是广东省韶关市乳源瑶族自治县必背镇土生土长的瑶族人。从“三支一扶”人员到必背镇党委副书记、镇长，十多年的历练使他成长为建设家乡的带头人。

2008 年，赵少辉从广东技术师范大学中文系毕业后，参加“三支一扶”计划回到了家乡。他坦言，当时每月 800 元的生活补贴，连养活自己都有点困难，而且必背镇一下雨就容易出现洪涝灾害和塌方，各方面条件和大城市比都存在巨大差距。

在多方鼓励下，赵少辉坚持了半年。2009 年，他跟着老干部在汛期逐户排查，做说服转移工作，挽救了很多人的性命，这让他对自己的工作有了更深的认识，坚定了留下来建设家乡的信念。

摸索“代种代养代销”模式，促贫困户脱贫，帮五保户解决住房难题……十多年来，赵少辉常常因“为群众做了点事”而开心。现在，身为必背镇镇长的他还整天琢磨如何用当地的茶叶、辣椒等资源谋发展，带领一方百姓过上好日子。

2018 年，来自四川省遂宁市的齐欣从成都理工大学毕业后考上了“三支一扶”岗位，来到重庆市万盛经济技术开发区金桥镇工作。“我家条件不太好，我考上‘三支一扶’后，帮家里减轻了不少负担。”齐欣说。

齐欣在金桥镇扶贫开发中心工作，主要负责全镇 351 户 1 368 名贫困人员的建档立卡和项目申报工作。贫困户陈明会家由于有人常年卧病在床而十分贫困。为了帮助陈明会家脱贫致富，齐欣动员陈明会借着镇里发展旅游的机会开一家农家乐，并帮她申请了免费厨师培训。在大家的帮扶下，陈明会开了一家“金蝶湖豆花馆”。豆花馆规模不大但生意不错，使陈明会家实现了稳定脱贫。

自 2006 年启动“三支一扶”计划以来，“三支一扶”服务领域从最初的教育、农业、医疗卫生、扶贫开发，逐步拓展到农技推广、水利、农村文化、就业和社会保障、贫困村整村推进、基层供销社等。近年来，80%以上的“三支一扶”人员服务于中西部地区，近 80%的期满人员继续留在基层工作。

“三支一扶”为基层脱贫攻坚输送了一支生力军。人力资源和社会保障部人力资源流动管理司负责人说：“选派一批有知识、懂技术、善创新的高校毕业生到这些岗位工作，就是要让他们把在校学到的知识转化为基层百姓看得见、摸得着的实惠。”该负责人还说，通过“三支一扶”计划的示范引领作用，越来越多高校毕业生认识到基层同样大有可为、大有作为，近年来，报名参加“三支一扶”计划的人数逐年增多。

（资料来源：新华网，http://www.xinhuanet.com/politics/2020-06/21/c_1126142155.htm）

（四）报考选调生

1．选调生的含义

选调生是各省、区、市党委组织部门有计划地从高等院校选调品学兼优的本科及其以上学历的应届毕业生、选拔具有 2 年以上基层工作经历的大学生村官到基层工作，并作为党政领导干部后备人选和县级以上党政机关高素质的工作人员人选进行重点培养的群体的简称。选调生工作秉持”公平、平等、竞争、择优”的原则，采取本人自愿报名、院校党组织推荐、组织（人事）部门考试考核相结合的办法进行。

2．参与选调的条件

根据中共中央组织部有关政策规定，选调生主要是全日制普通高校本科及其以上学历的优秀应届毕业生。根据中央有关政策，近年来，参加基层服务项目、符合选调生条件的往届高校毕业生（如大学生村官、“三支一扶”大学生等）也可以报名参加。具体而言，参与选调的大学生应具备以下条件：

（1）思想政治素质好，拥护中国共产党的基本路线和方针政策，具有坚定、正确的政治方向和全心全意为人民服务的宗旨意识。

（2）事业心和责任感强，志愿到基层工作，勤奋敬业，乐于奉献。

（3）为中共党员（含预备党员）。

（4）有一定的组织协调能力和语言文字表达能力，担任班级以上学生干部一年以上，所任学生干部包括班委会成员、团支部成员、学生会成员和学生党支部成员，不包括各类学会、协会、研究会等学生社团负责人。

（5）学习成绩优秀，基础知识扎实，必修课程无重修或补考（因特殊情况经批准缓考的不得超过两门），能如期毕业并取得相应的学历、学位证书。

（6）本科生须是校级以上“三好学生”“优秀学生干部”或者二等奖以上“优秀学生奖学金”获得者，研究生必须是校级以上“三好研究生”“优秀研究生干部”或者“研究生优秀奖学金”获得者。

（7）本科生一般不超过 24 周岁，硕士研究生一般不超过 27 周岁，博士研究生一般不得超过 30 周岁。

（8）身体和心理健康，能适应基层工作。

3．选调生优惠政策

（1）公务员招录优惠。国家每年拿出公务员考录计划的一定比例，专门用于定向招录服务期满且考核合格的选调生。服务期满后，选调生也可报考其他职位。

（2）事业单位招聘优惠。鼓励选调生在项目结束后留在当地就业，各基层就业项目的自然减员空岗，全部用于聘用服务期满的选调生。同时，各省（区、市）县及县以上相关的事业单位公开招聘工作人员时，应拿出一定数量的岗位（所占比例不低于 40%），用于聘用各专门项目服务期满且考核合格的选调生。

（3）考学升学优惠。服务期满后 3 年内报考硕士研究生的，初试总分加 10 分，同等条件下优先录取；高职（高专）学生可免试入读成人本科。

（4）国家补偿学费和代偿助学贷款政策。参加各基层就业项目的选调生，符合规定条件的，可享受相应的学费补偿和助学贷款代偿政策。

（5）创业政策优惠。服务期满后自主创业的，可享受税收优惠、行政事业性收费减免、小额贷款担保和贴息等有关政策。

（6）其他优惠。各基层就业项目服务年限计算工龄。服务期满后到企业就业的，按照规定转接社会保险关系。

拓展阅读

选调生与公务员的区别

选调生属于公务员系统，报考选调生机会多、竞争小、起点高。选调生与公务员主要存在以下区别：

（1）报名条件不同。报考选调生除了应符合国家公务员的报名条件外，还应符合以下要求：① 是学生干部或者中国共产党员；② 有志于从事党政工作；③ 服从组织安排；④ 是本科及其以上学历的应届毕业生（部分省市准许“三支一扶”大学生报考）。简而言之，选调生的报名条件更为严格。

（2）培养方向不同。选调生的培养方向主要是党政领导干部后备人选和县级以上党政机关高素质的工作人员人选；硕士以上学历的选调生可以在 1 年内直接定为副科级，本科学历者在 2～3 年内定为副科级。公务员的培养方向是机关的普通工作人员，分为办事员、科员、副主任科员三类，新录用人员在第二年定科员二级。

（3）选拔程序不同。选调生由省级党委组织部门负责组织选拔，人事关系放在组织部，而新录用的普通公务员的人事关系放在当地人力资源社会保障局。

（4）培养和管理的措施不同。选调生一般到基层工作，组织部门将通过举办培训班，抽调人员到上级党政机关跟班学习，鼓励参加公开选拔、竞争上岗等得力措施，对选调生进行重点跟踪培养。新录用的公务员一般直接在省、市机关工作。

（5）见习期不同。选调生没有 1 年的见习期，而新录用的公务员有 1 年的见习期。

（资料来源：公考资讯网，http://www.chinagwy.org/html/gdzk/hebei/201901/62_279710.html）

（五）应征入伍

从 2010 年开始，部队每年从应届高校毕业生中征收义务兵（见图 2-12）。高校毕业生入伍服义务兵役，对于提高兵员素质，优化兵员结构，加快实施人才强军、科技强军战略，完善国防动员体系，增强大学生服务国防、服务国家和人民的责任意识，拓宽青年学生磨砺品质、丰富阅历、增强体魄、健康成长的途径，都具有十分重要的意义。

图 2-12　应征入伍

1. 应征入伍的条件

大学毕业生应征入伍服义务兵役须满足以下条件。

（1）学历条件。根据国家有关规定批准设立、实施高等学历教育的全日制公办普通高等学校、民办普通高等学校和独立学院，按照国家招生规定录取的全日制普通本科、专科（含高职）、研究生、第二学士学位应（往）届毕业生、在校生和已被普通高校录取但未报到入学的学生可以应征入伍。

（2）政治条件。征兵政治审查的内容包括应征公民的年龄、户籍、职业、政治面貌、宗教信仰、文化程度、现实表现、家庭主要成员和主要社会关系成员的政治情况等。征集服现役的大学生必须热爱中国共产党，热爱社会主义祖国，热爱人民军队，遵纪守法，品德优良，决心为抵抗侵略、保卫祖国、保卫人民的和平劳动而英勇奋斗。

（3）身体条件。应征入伍的大学生要身心健康、体魄强健，身体基本条件如下：

① 身高。男性 160 厘米以上，女性 158 厘米以上。

② 体重。男性不超过标准体重的 30%，不低于标准体重的 15%；女性不超过标准体重的 20%，不低于标准体重的 15%。标准体重=（身高−110）千克。

③ 视力。大学生右眼裸眼视力不低于 4.6，左眼裸眼视力不低于 4.5。屈光不正，准分子激光手术后半年以上，无并发症，视力达到相应标准的，视为合格。

④ 内科。收缩压大于或等于 90 毫米汞柱，小于 140 毫米汞柱；舒张压大于或等于 60 毫米汞柱，小于 90 毫米汞柱；心率 60～100 次/分；等等。

（4）年龄条件。男性普通高等学校在校生应年满 18～22 周岁，高职（专科）毕业生可放宽到 23 周岁，本科及以上学历毕业生可放宽到 24 周岁。女性普通高等学校在校生应年满 18～20 周岁，应届毕业生放宽到 22 周岁。

2．应征入伍的流程

（1）网上报名阶段。每年 4 月初到 7 月，符合征集条件的学生登录大学生网上预征报名系统进行实名注册，然后进行预征报名。（报名网址：www.gfbzb.gov.cn）

（2）初检初审阶段。7 月底前，网报通过的大学生所在高校对其在校期间的表现和文化程度、病史、毕业资格、享受补偿代偿条件和具体金额等信息进行审核；高校所在地县级兵役机关会同高校组织做好政治初审和身体初检，合格的大学生确定为预征对象。

（3）复审应征阶段。10 月底前，确定为预征对象的大学生将户口迁回入学前户籍所在地，携带《预征登记表》和《高校毕业生应征入伍学费补偿国家助学贷款代偿申请表》（以下简称《补偿代偿申请表》）到生源地县兵役机关报名应征。

（4）审批定兵阶段。12 月底前，优先批准体检、政审合格的应届毕业生预征对象入伍。次年 1 月以前，生源地县级兵役机关将入伍高校毕业生的《入伍通知书》复印件及《补偿代偿申请表》送交当地县级资助管理中心，县级资助管理中心审核生源信息及生源地贷款信息后，寄送至毕业生原就读高校资助管理部门。

（5）补偿代偿阶段。次年 2 月以后，高校对本校入伍毕业生的学费和国家助学贷款信息进行审核，并汇总各县资助管理中心寄送来的生源地信用助学贷款信息，将《补偿代偿申请表》盖章并按院校性质分送国家或省级资助管理中心；国家资助管理中心完成材料复审，开展补偿代偿后续工作。

图 2-13　参军光荣

3．应征入伍的优惠政策

为了鼓励高校毕业生应征入伍（见图 2-13），国家对高校毕业生入伍服义务兵役的政策进行了完善。入伍大学生可享受以下五个方面的优惠政策：

（1）优先征集。高校应届毕业生入伍时，享受优先报名应征、优先体检政审、优先审批定兵、优先安排使用的待遇。

（2）学费补偿。由政府补偿学费或代偿国家助学贷款；家属按规定享受军属待遇。

（3）选用培养。高校毕业生士兵可优先选取为士官；符合条件的本科以上毕业生可选拔为军官；在报考军校方面，专科毕业生士兵可参加全军统一组织的本科层次招生考试，进入有关军队院校学习；高校毕业生士兵参加优秀士兵保送入学对象选拔时，年龄放宽 1 岁，同等条件下优先。

（4）考试升学。高校毕业生士兵退役后，参加政法干警招录培养体制改革试点考试的，教育考试笔试成绩总分加 10 分；3 年内参加硕士研究生考试的，初试总分加 10 分；立二等功及以上的，免试推荐入读硕士研究生；高职（专科）毕业生免试入读成人本科或经一定考核后入读普通本科。

（5）就业服务。高校毕业生士兵退役后报考公务员、应聘事业单位职位的，在军队服现役的经历视为基层工作经历，同等条件下优先录用或者聘用；退役后，按照国家规定发给退役金，由安置地的县级以上地方人民政府接收；退役后1年内可视同高校应届毕业生办理就业报到手续，户档随迁。

三、升学

（一）专升本

1．专升本的概念

专升本是专升本考试的简称，是指大学专科层次学生进入本科层次阶段学习的选拔考试。

2．专升本的类型

专升本分为普通高等教育专升本和成人高等教育专升本两种类型。

图2-14　专升本

（1）普通高等教育专升本又称“统招专升本”，是指在普通高等学校专科应届毕业生中选择优秀学生升入普通高等学校本科层次进行两年制的深造学习（见图2-14）。其招生对象仅限于各省、自治区、直辖市的全日制普通高校（统招入学）专科应届毕业生。不同省份对统招专升本的命名有所差别，如河北省称为“普通高校专接本”，广东省称为“普通高校专插本”，江苏省称为“普通高校专转本”，其余省份皆称为“普通高校专升本”。

（2）成人高等教育专升本的途径分为四种：自考专升本、成人高考专升本（分业余和函授两种学习方式）、网络教育专升本（远程教育）和开放大学（广播电视大学）专升本。下文将简要介绍统招专升本的相关知识。

3．统招专升本的招生对象

统招专升本的招生对象仅限于应届优秀普通全日制专科毕业生。不同省、自治区、直辖市的相关规定不同。某些省、自治区、直辖市要求毕业生英语三级以上（上海市要求为四级）、无不及格记录且所报专业必须与所学专业对口，而某些省、自治区、直辖市无此要求，相关的具体要求可参照各省、自治区、直辖市的专升本政策。统招专升本只限报考本省本科院校，不允许跨省报考。教育部政策法规司规定，普通高校统招专升本为国家统招计划普通全日制学历。

4．统招专升本的考试形式

统招专升本属于国家计划内统一招录，考试全称为“选拔优秀高职高专毕业生进入本科学习统一考试”。各省、自治区、直辖市的考试形式不同，大体可分为统考和校考两种。

（1）统考。统考的考试科目分文、理科。文科的考试科目为大学语文、大学英语和计算机文化基础；理科的考试科目为高等数学、大学英语和计算机文化基础。录取专业类别由专科阶段所学专业决定。艺术、体育专业经省教育考试院同意，可由招生院校组织专业加试，并在报名工作开始前完成。专业加试合格的考生才能填报相应院校、专业的志愿。

（2）校考。校考的考试内容包括基础课和专业课，基础课由省教育考试院统一组织考试，专业课由本科院校出题并组织考试。

专科毕业生通过统招专升本升入普通高等学校本科层次进行两年制的深造学习，修完所需学分，毕业时由学校授予普通高等教育本科学历证书，符合条件者由学校颁发学位证书。统招专升本是全日制普通高等教育性质的本科。统招专升本毕业生的第一学历为本科学历。

（二）考研

1. 考研的概念

考研是“全国硕士研究生统一招生考试”的简称，是指教育主管部门和招生机构为选拔研究生而组织的考试，由初试和复试组成。

高等学校和科学研究机构招收攻读硕士学位研究生，是为了培养热爱祖国，拥护中国共产党的领导，拥护社会主义制度，遵纪守法，品德良好，为社会主义建设服务，掌握本学科坚实的基础理论和系统的专业知识（见图 2-15），具有创新精神和从事科学研究、教学、管理或独立担负专门技术工作能力的高级专门人才。

图 2-15　考研

拓展阅读

研究生的分类

（1）按学习方法的不同分类。按学习方法的不同，研究生分为脱产研究生和在职研究生。前者指在高等学校和科研机构进行全日制学习的研究生；后者指在学习期间仍在原工作岗位承担一定工作任务的研究生。

（2）按学习经费渠道的不同分类。按学习经费渠道的不同，研究生分为国家计划研究生、委托培养研究生（简称“委培生”）和自费研究生。国家计划研究生的培养经费由国家提供，又分为非定向研究生和定向研究生（简称“定向生”）。其中，非定向研究生毕业时实行双向选择的自由就业制度；定向生则在录取时就必须签订合同，毕业后按合同规定到定向地区或单位工作。委培生的培养经费由委托单位提供，委培生被录取时要签订合同，毕业后到委托单位工作。自费研究生的培养经费由其自己提供，有时候也可以从导师科研经费中开支或由社会赞助。

（3）按照专业和用途的不同分类。按照专业和用途的不同，研究生分为普通研究生和特殊研究生。我国比较成熟的特殊研究生主要有工商管理硕士（即 MBA）、法律硕士（一般简称“法硕”）、公共管理硕士（即 MPA）等。特殊研究生和普通研究生在报考资格、学制要求、学习内容等方面均有很大区别。

（资料来源：搜狐网，https://www.sohu.com/a/213066369_99930276）

2. 研究生报考条件

报名参加全国硕士研究生招生考试的人员，必须符合下列条件。

（1）政治条件。① 为中华人民共和国公民；② 拥护中国共产党的领导，愿为社会主义现代化建设服务，品德良好，遵纪守法。

（2）学历条件。符合下列学历条件之一的人员可以报考：

① 国家承认学历的应届本科毕业生。

② 具有国家承认的大学本科毕业学历的人员。

③ 获得国家承认的专科学历后满两年或两年以上（从高职院校毕业之日起计算），达到与大学本科毕业生同等学力，且符合招生单位根据本单位的培养目标对报考者提出的具体业务要求的人员。

④ 国家承认学历的本科结业生和成人高校应届本科毕业生（不含自考生和网络教育学生），按本科毕业同等学力身份报考。

⑤ 已获硕士学位或博士学位的人员，可以再次报考硕士研究生，但只能报考委托培养或自筹经费的硕士；在校研究生报考须征得所在学校的同意。

（3）年龄条件。年龄一般不超过40周岁，报考委托培养研究生和自筹经费研究生的，考生年龄不限。

（4）身体条件。身体健康状况符合招生单位规定的体检要求。

（5）人事条件。普通高校应届本科毕业生须持有所在学校的推荐信和学生证；在职人员须持有所在单位人事部门的介绍信和工作证；其他人员须持有本人档案所在单位开具的介绍信，如果该单位无人事调配权，则须持上级主管单位人事部门的介绍信。

（6）学历证明。在职人员为大学本科毕业生的，须持毕业证书和学位证书；同等学力者，须持所在单位出具的达到本科毕业程度的证明材料。应届毕业生因尚未拿到学历、学位证书，持学校介绍信即可。

拓展阅读

免试推荐硕士研究生

免试推荐硕士研究生简称“保研”。高校一般于每年9月下旬至10月下旬在大四学生中筛选保研人员。筛选规则和操作权由各高校掌握，因此高校不同，保研情况也各不相同。通常有以下几种形式：

（1）基于学习成绩的免试直推。一般做法是高校规定学习成绩的基本要求，按照一定比例将保研名额下发到各院系，由院系结合其他方面的情况上报保研名单，交由学校审批。一般情况下只有班级前几名才可能保研。

（2）特长生免试直推。有些高校为了留住具有某种特长的人才，往往给予其特别优惠，免试推荐其就读研究生。常见的有体育类和文艺类特长生免试推荐，但名额非常少，要求很严格。

（3）高校间免试直推。教育主管部门为了鼓励高校之间开展学术交流，近几年大力提倡各高校向其他高校免试推荐优秀毕业生。由于各高校的保研条件和学生的学习状况存在差异，有时候在本校难以获得保研资格的学生在其他高校反而可能如愿以偿。因此，如果大学生在本校成绩很好，排名也比较靠前，但在本校保研的希望不大，则可以试一试跨校保研。需要注意的是，大学生应该去寻求有关信息，并主动与相关高校取得联系。

（4）免试推荐，保留入学资格。这类保送生不是马上就去读研，而是保留入学资格一两年，先根据高校的安排去有关部门工作，或作为教育部门选派人员去边远地区支教。通过这种途径保送的条件相对要低一些，但也不是人人都能申请，一般只有表现突出的学生干部或活动积极分子才有入选资格。

免试推荐并不代表不参加考试，一些高校为了确保推荐质量，还会加试一些科目，如英语、专业课等，而且保研人员必须参加复试。

（资料来源：搜狐网，http://www.sohu.com/a/64670384_103414，有改动）

3．报名、考试具体事宜

（1）报名时间。正式报名日期一般为每年 9 月至 10 月。现在一律采用网上报名方式，报考者可自行登录“中国研究生招生信息网”（http://yz.chsi.com.cn）浏览报考须知，按网上公告的要求完成报名。

（2）考试科目。考研科目分为公共课和专业课，公共课是必考科目，专业课根据报考专业来定。公共课考试科目包括英语与政治；专业课考试科目由各高校根据各专业要求设置。

（3）考试与录取。入学考试分初试和复试。报考者通过初试后还要参加复试，复试通过后才能被录取。复试由各招生单位负责，一般在 4 月下旬至 5 月上旬举行。复试合格、体检合格的人员，在 6 月或 7 月会收到录取通知书，9 月正式跨入研究生的行列。

（4）录取中的调剂。由于报考人数过多等因素，每年都会出现成绩过线的考生不能被录取的情况，而与此同时，一些高校的某些专业则招不满人。这种情况下，一批成绩过线但总分不够高、不能被所报专业录取的考生在条件具备的前提下，可以通过调剂的方式转入所报考学校或其他学校的相关专业。初试成绩符合复试调剂的基本要求的考生，可以申请调剂。复试调剂的具体要求均以初试结束后教育部发出的录取工作通知的规定为准。届时，考生可通过“中国研究生招生信息网”调剂服务系统填写调剂志愿。

课堂讨论

分析自己是否适合报考研究生并说明原因。如果适合，说说将如何选择自己所要报考的专业及报考的学校。

四、出国留学

出国留学是指一个人去母国以外的国家接受各类教育，时间可以为短期（如几个星期），也可以为长期（如几年）。

（一）出国留学的类别

一般来说，出国留学可分为两大类：公派出国留学和自费出国留学。

公派出国留学是指根据国家建设需要，由国家及有关部门、地方、单位全部或部分资助，通过各种渠道和方式，有计划地派出人员留学（见图 2-16）。公派出国留学有以下几种情况：一种是由国家有关部委支付经费；二是由世界银行提供贷款；三是通过校际交流途径出国；四是自筹经费，或由亲友资助，或享受国外奖学金，由个人申请，经有关部门批准后，列入国家计划，出国手续与公费人员手续一样，即通常所说的“自费公派”。

图 2-16　出国留学

师姐讲政策：出国

自费出国留学是指我国公民提供可靠证明，由其定居国外的亲友资助，或使用本人、亲友在国内的外汇资金，到国外高等学校、科研机构学习或进修。出国手续由其自行办理。

（二）公派出国留学的有关规定

1．公派出国留学人员的选派

（1）公派出国留学人员的选派分为国家公派和单位公派。国家公派是指按国家统一计划，面向全国招生，统一选拔、派出，执行统一经费开支规定；单位公派是指按部门、地方、单位计划，面向本地区、本单位招生、选拔、派出，执行部门、地方、单位经费开支规定（包括个人经本单位同意和支持，通过取得各种奖学金、贷学金、资助等纳入派出计划的留学）。

（2）公派出国留学人员分为大学生、研究生、进修人员和访问学者。

（3）出国攻读大学本科、专科和研究生的留学人员在国外的学习年限一般由派出单位按对方国家的学制确定。出国进修人员和访问学者在国外的期限，根据进修和研究课题的实际需要，一般为 3 个月至 1 年，特别情况可为一年半，均由派出单位按派遣计划确定。

（4）派出单位要帮助和指导公派出国留学人员选好在国外学习、进修、实习或从事研究的单位，国外单位应具有较高水平或专业方面特长。

2. 公派出国留学人员的条件

（1）政治条件。热爱祖国，热爱社会主义，思想品德优良，在实际工作和学习中表现突出，积极为社会主义现代化建设服务。

（2）业务条件。出国大学生应是高中毕业、成绩优秀的人员。出国研究生应是具有本科及其以上学历水平的成绩优秀的人员。主管部门应根据不同学科的特点，规定出国前参加工作的年限。

（3）外语条件。各类出国留学人员都应掌握相应国家的语言文字，能够比较熟练地运用外文阅读专业书刊，有一定的听、说、写能力，经过短期培训即能用外语进行有关学科的学术交流。出国大学生和研究生的外语能力必须达到能听课的水平。

（4）身体条件。各类公派出国留学人员的健康状况，必须符合出国留学的规定标准，经过省、市一级医院检查并得到健康合格证明书（证书有效期为 1 年）。

3. 公派出国留学人员的申报

符合公派留学条件者，在接到国外学校的入学许可证件和外汇资助证明后，由本人向所在单位提出申请，经所在单位批准后，按隶属关系，由单位向其上级部委或省、自治区和直辖市申报。上级部门审批同意后，由该部委或省、自治区和直辖市的有关部门负责为出国留学人员办理出国手续。

4. 公派出国留学人员的管理

（1）在批准出国留学的期限内，留学人员的国内工资由原单位照发，计算国内工龄。

（2）国家公派出国留学人员的出国置装费、出国旅费、在国外学习期间的学习和生活费，研究生和大学生中途回国休假的往返国际旅费等，按国家的统一规定办理。

（3）单位公派出国留学人员的出国置装费、出国旅费、在国外学习期间的学习和生活费，研究生和大学生中途回国休假的往返旅费等，按派出部门、地方、单位参照国家统一规定并结合选派单位具体情况而制订的有关规定办理。

（4）公派大学生、研究生自费回国休假、探亲，以不影响学习为前提，由驻外使、领馆审批。

（5）学成归国的公派留学人员，一般应回原单位工作，如用非所学，不能发挥本人专业特长，由其所在单位报请各级部委或省、自治区、直辖市的有关部门酌情办理。

（三）自费出国留学的有关规定

凡我国公民，个人通过正当和合法手续取得外汇资助或国外奖学金，取得国外入学许可证件，能提供可靠证明和经济担保书的，不受学历、年龄和工作年限的限制，均可申请自费到国外上大学（专科、本科）、读研究生或进修。

高等学校应届毕业班的学生已经列入国家分配计划，学成归国后应服从分配，为国家服务。国内在学研究生，一般不得中断学习而自费出国留学。高等学校在校学生获准自费出国留学的，可保留学籍 1 年。应届毕业专科生、本科生和研究生，凡属国家统一分配的，应服从国家分配，到工作单位后再申请和办理自费出国留学。

获得博士学位回国参加工作的，按其在国外攻读博士学位的年限，计算国内工龄，工龄计算办法与公派留学人员相同。对学成回国工作的自费出国留学人员，凡获得学士以上学位者，其回国的国际旅费，由国家或用人单位提供，其国内安家费由用人单位按不同情况给予补助。

自费留学人员属于因私出国，应办理因私普通护照，颁发护照的机构是授权受理的各省、自治区、直辖市公安部门。在校学生自费留学的，由所在学校签署意见。办理手续时，必须备好如下材料：① 单位介绍信；② 户口簿或集体户口证明，写明本人出生地和出生时间；③ 经济担保书的复印件，并附译文（经济担保书经公证后方有效）；④ 本人近期正面免冠照片 5 张，并在照片背面用铅笔写上名字；⑤ 填写《自费出国留学人员登记表》《本国公民出国申请表》；⑥ 用人民币交纳护照费、签证费、手续费、邮费等。

案例点评

大学毕业生在做出选择时，无论选择考研、创业、考公务员还是结婚，都应该树立规划意识，从自身条件出发，选择适合自己的道路，考虑将来的发展问题。要乐观地面对理想与现实之间的差距，努力在两者之间找到平衡。

对于考研，如果不做好职业规划，那么选择考研就成了逃避压力的行为，这只会让自己在研究生毕业之后面对更大的就业压力。大学毕业生根据自己的需要考研，根据职业规划来选择合适的专业，对自己的职业生涯有益无害。

对于创业，任何从零开始的创业都是不容易的。大学生创业者只有善于发现创业机会、整合创业资源，并具备勇于创新、敢担风险、团结合作、坚持不懈的创业精神，才能提高创业成功的概率。

对于考公务员，如果符合自己的职业规划，那么即使千难万阻，也要奋力一搏。但是，如果只是随大流而报考，那么很可能会栽跟头，或者致使自己在职业生涯中走弯路。

对于刚毕业就结婚的选择，如果当事人自己有明确的职业规划，那么也未尝不可。

事迹采撷

青春赞歌——扎根西藏，做一颗高原上的石榴籽

张银波是 2014 届西部计划西藏专项志愿者，曾先后服务于西藏自治区山南市加查县冷达乡小学、加查县教育局。2015 年，他通过西藏自治区公务员招考，扎根西藏，现工作于山南市直机关工委。

从一名西部计划志愿者成长为一名在藏干部，多年来，无论在哪个工作岗位，张银波始终初心不改，心系群众冷暖安危，像一颗石榴籽一样与各族群众紧紧抱在一起，促进了各民族的交往、交流与交融。

放弃工作，远赴西藏，唱响支教之歌

2014 年 7 月，张银波考上了云南省文山州西畴县的特岗教师。听说有到西藏参加志愿服务的机会，他毅然放弃了工作，选择参加西部计划，来到山南市加查县冷达乡小学支教。

进藏后，张银波始终铭记使命，践行志愿精神，用实际行动回报社会。支教期间，张银波发现学校师资不足，就主动请缨担任三年级到六年级的英语老师。除了做好教学工作外，张银波还十分关心学生的生活，先后为支教地学生捐赠衣服 60 袋、文具用品 100 套、书籍 800 本，总价值 2 万余元。

扎根西藏，尽职尽责，唱响奋斗之歌

2015 年 8 月，在结束支教工作后，张银波主动报名参加西藏自治区公务员考试，成为山南市加查县委组织部的一名干部。为尽快融入组织部这个大家庭，他挑灯夜战，很快实现了蜕变，成为单位的“笔杆子”。

由于工作出色，在 2016 年 11 月和 2017 年 8 月，张银波先后被借调到山南市委组织部和市委宣传部。借调期间，他任劳任怨，全身心投入工作，在平凡的岗位上做出了不平凡的成绩。他说：“不管在哪个单位，只要在岗一天就要尽责一日。”2019 年 8 月，张银波通过山南市直机关事业单位公开遴选考试，成为山南市直机关工委的一名工作人员。

热爱学习，信念坚定，唱响忠诚之歌

从 2011 年入党至今，张银波始终保持着一心向党的本色。他热爱学习，坚持每天阅读党报党刊，确保在第一时间知晓国家大事、国家政策。

2021 年 3 月 12 日，为表达“永远听党话、跟党走”的初心，张银波向党组织交纳了 1 071 元特殊党费。他说：“来西藏，就要做西藏人；入党，就要一辈子跟党走。今年是党的百岁生日，今天是我的生日，我希望用交纳特殊党费的方式过一个不同寻常的生日。”

当朋友问他为什么这样做时，张银波说，他在加查县冷达乡小学支教时，曾去看望一位学生生病的爷爷，并送去了 1 000 元生活费。当时爷爷双手合十，嘴里不停地说着“谢谢共产党”。他被爷爷发自肺腑的话语深深地感动了，从那时起，他便下定决心，“坚决听党的话，一辈子跟党走”。

申请驻村，深入基层，唱响为民之歌

2021 年 3 月初，张银波主动向组织申请到山南市海拔 4 000 多米的浪卡子县卡热乡边据村开展驻村工作。来到边据村后，他用 1 个月的时间对全村 86 户群众进行了走访，并绘制了边据村“民情地图”，详细标注全村每家每户的位置、家庭情况和存在的返贫风险点。

为提高边据村村干部和农牧民群众学习汉语的积极性，张银波在黑板上画出祖国版图，并围绕地名讲述当地的党史故事。同时，为把红色精神和民族团结的种子播撒在青少年心中，张银波还联系母校——云南省保山学院，在多所小学开展了“石榴籽——大手牵小手·云南西藏千里互通书信传党史活动”。他组织82名云南籍汉族、回族、彝族、傣族、傈僳族、佤族、独龙族的大学生与山南市的藏族小学生互通书信，相互分享学习、生活、家乡美景和党史故事。

“来西藏，就要做西藏人；入党，就要一辈子跟党走。”张银波表示，要做高原上的一颗石榴籽，与当地干部、群众紧紧团结在一起，俯下身子，尽心力，献真情，努力为建设美丽幸福西藏贡献力量。

（资料来源：中国青年网，http://xibu.youth.cn/rwfy/dxrw/202109/t20210910_13214650.htm）

【心得体会】

躬行践履

1．就业访谈

内容：访问不同类型的人物（如学长、亲友、专业领域的成功人士、社会知名人士等），了解不同人物的就业动机和就业途径，了解其职业发展状况。

要求：

（1）以小组为单位（3～5人一组），每组选出一个负责人，并明确成员分工。

（2）自行确定访谈对象2～3人。

（3）拟定访谈提纲，内容包括访谈对象的性格特征、教育背景、成长环境、就业动机、职业规划、就业过程、克服困难的经历、就业成功的经验、就业心得等。

（4）访谈结束后，每组成员撰写一份访谈报告，分析访谈对象就业成功的原因及经验，并说说自己从他们身上获得的启发。

（5）将报告内容制作成PPT，在课堂上以小组为单位进行汇报。

2．就业途径探寻

背景：在移动互联时代，随着新模式、新机制、新平台的不断涌现，新生代大学生在就业选择上呈现出多元化、网络化和娱乐化等特点：自主创业、考研深造、出国留学、线上开店、宅在家、“间隔年”（即毕业之后、工作之前，通过一次长期的旅行来体验不同的生活）、结婚成家等毕业的去向更多元；不管是就业、创业还是自由就业，互联网行业已经成为大学生就业的新高地；化妆师、游戏测评师等成为大学生向往的新兴职业。

内容：通过实地走访、深入调查，探寻适合自己的就业途径，并撰写调查报告。

要求：

（1）在国家政策导向、产业结构及技术发生变革的大背景下，简要介绍新时代大学生的主要就业途径及新兴的就业途径。

（2）结合自己的个性特征、专业背景、兴趣爱好、家庭环境、生活经历等，分析各种就业途径的利弊。

（3）列出适合自己的就业途径，并说明理由。

就业加油站

（1）《大学生就业与创新创业多维角度研究》（侯瑞刚主编，水利水电出版社，2019 年 4 月）。

（2）中国教育在线-专升本：http://shengben.eol.cn/。

（3）国家公务员局：http://www.scs.gov.cn/。

（4）公考资讯网：http://www.chinagwy.org/。

（5）全国征兵网：https://www.gfbzb.gov.cn/。

（6）中国高校之窗：http://www.gx211.com/。

（7）中国人力资源市场网：www.chrm.gov.cn。

（8）中国公共招聘网：www.cjob.gov.cn。

（9）中国国家人才网：www.newjobs.com.cn。

（10）全国高校毕业生就业网络联盟网络招聘会：https://www.ncss.org.cn/wlzph/。

（11）中国青年网-西部计划：http://xibu.youth.cn/。

（12）选调生网：http://www.cnxds.com。

（13）乡村干部报网（大学生村官网）：http://www.dxscg.com.cn。

（14）校企汇：http://www.allxq.com/。

项目三　做好求职准备　从容面对就业

篇首导言

大学毕业生应该如何搜集和处理就业信息？应如何准备求职材料？这些问题在本项目都能得到很好的解答。本项目旨在为大学生介绍就业信息的搜集渠道和处理方法，向大学生传授求职信的写作技巧、简历的制作方法并展示相关的经典范例，以使大学毕业生掌握求职材料的制作方法和技巧，进而提高其求职择业的成功率。

学习目标

知识目标：

✧ 熟悉就业信息的搜集渠道。

✧ 了解就业信息的搜集方法和处理方法。

✧ 掌握求职信和简历的写作技巧。

素质目标：

✧ 通过学习准备就业信息的相关知识，明白“凡事预则立，不预则废”的道理，了解未雨绸缪的重要性，增强忧患意识和竞争意识。

✧ 树立自信心，学会如何展示自身才能和特色，从而博得“伯乐”赏识。

经典语录

机遇只偏爱那些有准备的头脑。

——巴斯德

无所不能的人实在一无所能，无所不专的专家实在是一无所专。

——《韬奋文集》

不管从事什么，要用敏锐的眼光，打开所有的神经天线，像捕捉爱人的眼神那样，捕捉那些与你的工作相关、但暂时还没有被商业化的需求，“就业”后“拓业”，更易获得成功。

——徐小平

案例引导

就业信息的重要性

在某高校毕业生宿舍，小赵不停地查找各种招聘网站（如智联招聘、前程无忧等）的招聘信息，并根据自己的专业和兴趣筛选就业岗位。由于就业准备不充分，小赵面对海量的就业信息心急如焚，虽然现在是冬末春初，但是仍有大滴大滴的汗从他的额头滚落。而他邻床的杨阳则已胸有成竹，杨阳手中握着好几个单位的就业意向书，正在为选择更好的单位而沉思，脸上有一种自信的神情。

是什么让同一个专业、同一个宿舍的毕业生在就业的重要关头面临不同的情况呢？其主要原因在于他们对就业信息的掌握情况不同。

小赵只是单一地将搜集就业信息的途径定位为网站搜索，杨阳则有更多的想法，他说："我觉得自己能在就业过程中脱颖而出，主要是因为手头有很多就业信息可以选择。从整理学校就业指导中心提供的就业信息，到搜集自己心仪企业网站上的招聘信息，我在尽可能多地搜集和利用这些信息，我是赢在起跑线上。"

（资料来源：中国青年网，http://news.youth.cn/zc/200903/t20090316_877687.htm，有改动）

任务一　准备就业信息

一、就业信息的搜集

就业信息是指通过各种媒介传递的有关就业方面的消息和情况，如就业政策与形势、人才供需情况、招聘活动及用人信息等。在现代社会中，就业顺利与否不仅受毕业生的知识、能力、综合素质等因素的影响，而且受毕业生搜集、处理、利用就业信息的情况的影响。从某种意义上讲，对求职择业的毕业生来说，谁拥有更多、更有效的就业信息，谁就能赢得择业的主动权。尤其是在信息沟通渠道不健全的情况下，就业信息的搜集就显得更为重要。

如何搜集就业信息

（一）就业信息的搜集渠道

毕业生可通过以下渠道搜集就业信息。

1. 各高校的主管部门

学校的毕业生就业办公室或就业指导中心是毕业生就业的重要主管部门，与中央有关部委、各省市的毕业生就业主管部门及有关用人单位保持着密切的联系，能及时获取国家有关就业政策、地方的有关政策、各地举办“双选”活动的信息、有关用人单位的简介材料及需求信息等。这些信息无论是数量还是质量，都具有明显的优势。因此，广大毕业生应积极地通过高校主管部门的网站（如高校的就业信息网）获取就业信息。

2. 各级就业主管部门和就业指导机构

教育部每年都会制定有关毕业生就业的方针、政策，各省、自治区、直辖市的就业主管部门也会相应地制定地方性实施意见；教育部及各省市的毕业生就业指导机构之间会开展信息交流和咨询服务。这些部门和机构都是高校毕业生获取就业信息的重要渠道。

3. 各类“双向选择”或“供需见面”会

各类“双向选择”或“供需见面”会中，有的是一省举办或几省联办的，有的是地、市、县联办或单独举办的，也有的是由一个学校举办或多校联合举办的，甚至有的是一个行业举办或几个行业联合举办的（见图 3-1）。毕业生可以通过这种活动和用人单位直接见面，不仅可以直接获取许多就业信息，而且有机会当场签订就业协议。

图 3-1 学校供需见面会和企业专场招聘会

4. 有关新闻媒介

毕业生就业作为社会普遍关注的热点问题，近年来也引起了新闻界的普遍重视，有关就业政策、热门话题讲座、招聘广告等时常出现在各类报纸、杂志、电视等媒体上。另外，教育部学生司和毕业生就业指导中心主办的《中国大学生就业》杂志及各地人才市场报等都能为毕业生提供丰富的就业信息。

毕业生在媒体广告上搜集求职信息时，可以优先考虑与所学专业相关的一些报纸或杂志（如《法制日报》《电子商务世界》《中国环境报》等），以及各大城市的日报、晚报的招聘专栏。

5. 各种社会关系

毕业生可以通过老师、校友、家长、亲友等社会关系来搜集就业信息。专业课老师比较清楚该学院毕业生适合到什么单位就业，而且他们往往在科研协作、兼职教学中与专业对口的相关单位有着广泛而密切的接触，能够获得相关单位的人才需求信息；很多校友在专业对口的单位工作，比较熟悉所在单位的实际情况，他们可以获得许多具体而准确的就业信息；家长和亲友活动于社会的不同行业，拥有各自的人脉关系，他们也可以提供一些就业信息。

6．社会实践、毕业实习或业余兼职

毕业生可以通过社会实践、毕业实习或业余兼职等活动，加强与有关用人单位的联系，增进彼此间的了解，并直接或间接地获取就业信息。

7．人才信息网站或招聘网站

毕业生可以通过各类人才信息网站或招聘网站搜集就业信息。一般来说，可以通过以下几类网站获取就业信息：

（1）国家或地方政府主办的人才信息网站，如教育部大学生就业网（www.ncss.org.cn）、长沙人力资源网（http://csrlzy.rsj.changsha.gov.cn）等。

（2）学校的就业网，如长沙环境保护职业技术学院就业信息网（http://jyxx.cshbxy.com）。

（3）专业招聘网站，如智联招聘（www.zhaopin.com）、前程无忧（www.51job.com）、中华英才网（www.chinahr.com）等，尤其是一些专业性的招聘网站，如环保英才网（http://www.hbjob88.com/）、中国环保人才网（http://www.h8job.com）、环保招聘网（http://www.envhr.com）等。

（4）门户网站，如新浪、搜狐等都有自己的招聘网站。

（5）用人单位网站的招聘专栏。

（二）就业信息的搜集方法

1．全方位搜集法

全方位搜集法是指全面搜集与自己专业相关的就业信息，并按一定的标准进行整理、分类和筛选。这种方法的优点是所获取信息的数量较多、选择的余地较大，缺点就是费时费力。

2．定向搜集法

定向搜集法是指根据自己选定的职业方向有针对性地搜集就业信息。这种方法的优点是精准高效，能搜集到适合自己的就业信息；缺点是当选定的求职范围过于狭窄时，就业信息的搜集量会受到限制，当选定的职业竞争激烈时，就业难度可能会加大。

3．定区域搜集法

定区域搜集法是指根据个人对某个或某几个区域的偏好来搜集就业信息，而对职业方向和行业范围较少关注。这是一种重地区、轻专业方向的信息搜集法，采用这种方法搜集信息，可能会因所选择的地域过“热”（即有较多择业者涌向该地区）而导致就业困难。

毕业生应当根据自己的实际情况，综合运用上述几种方法来搜集就业信息。

课堂讨论

你觉得哪种信息搜集渠道和搜集方法更适合自己？在实践中，还有哪些就业信息搜集渠道和搜集方法？

二、就业信息的处理

在求职择业过程中获取的信息数量较多，这要求毕业生根据自己的实际需要对所搜集到的信息进行处理，去伪存真、去粗取精，提高就业信息的针对性和实效性，以便更好地为自己的求职择业服务。一般来讲，处理就业信息时，应注意以下几个方面。

（一）科学地掌握就业信息

毕业生在择业过程中需要掌握的就业信息很多，一定要分清主次轻重。对于重要的就业信息，毕业生应通过正规的渠道来获取。例如，对于就业政策信息，可从政府机构和学校就业主管部门获取，并时刻关注最新动态；对于就业方法与技巧，可从优秀教材、就业指导课、权威专家处获取，并注意活学活用。

（二）仔细地分辨就业信息

通过各种渠道获得就业信息后，不要急于联系用人单位，如发简历或打电话。这是因为就业信息的传播渠道比较复杂，搜集到的就业信息可能带有一定的滞后性，甚至可能是虚假信息或虚假广告。建议毕业生首先判断这些信息的真伪，避免就业过程中走弯路。对于难以分辨的就业信息，可以通过网络搜索（如通过“天眼查”“启信宝”网站或 APP 查询企业信息）、致电查询或现场调查等办法来确认其真实性和准确性。

具有以下特征的就业信息，很可能是虚假的或具有欺骗性的，毕业生应注意防范：

（1）公交车站、街头路边、校园墙壁等一些公共场合胡乱粘贴的招聘小广告，特别是高薪招聘的广告。

（2）门槛很低但薪酬很高的招聘信息。

（3）要求毕业生交一定费用作为工作保证金的招聘信息。

（4）莫名而来的就业机会。一些“公司”在网络上搜集毕业生的个人信息，然后主动通知毕业生面试，并以此施以行骗、抢劫等，毕业生异地求职时应该多加提防。

（5）不透露单位名称的招聘信息。例如，有的招聘信息在署名处使用“某公司”“某单位”等字眼，所提供的单位基本信息不完整等。

（三）分类别整理就业信息

对于搜集到的就业信息，毕业生应及时地去粗存精，并根据自己的实际情况与求职目标对就业信息进行分类整理，以便理清信息的基本线索，使其便于查询和使用。

1．按就业信息的发布方分类整理

对于就业政策信息，可分为国家就业政策信息与各地方政府就业政策信息两大类。国家就业政策较为稳定，如各省市的“三支一扶”“特岗计划”等方面的就业信息，毕业生可了解其主要内容并跟踪最新的动态。各地方政府的就业政策各不相同，沿海地区和西部地区所实施的就业政策通常是因地制宜的。因此，毕业生一旦确定了求职地域，就应关注当地的就业政策，如就业优惠政策、户口迁移、应届大中专毕业生准入条件等相关内容。

2. 按单位所在地区分类整理

按单位所在地区分类整理就业信息，方便毕业生按就近原则和可行性适当安排自己的求职行程，随时查阅，省时省力。

3. 按用人单位的性质分类整理

按用人单位的性质分类整理就业信息，就是对用人单位的所有制、规模、发展潜力等进行适度归类整理，如按民营企业、国有企业、公办学校、公办医院、三级甲等医院、国内房地产前 50 强、广告行业 100 强等进行分类整理。

拓展阅读

就业信息的基本内容

一般来说，一则较好的就业信息应该包含以下要素:

（1）用人单位的全称、单位性质、上级主管部门等。

（2）用人单位的发展前景、发展阶段和现阶段的发展状况，以及在整个行业中的排名或者在整个社会经济结构中的位置。

（3）对从业者政治、思想、道德、品质、工作态度、学历、学业成绩、职业兴趣、职业能力、职业气质、职业技能等方面的要求。

（4）对工作地点、工作环境、工作时间、个人待遇、福利等方面的明确规定。

很多用人单位在进行宣传的时候，通常只提自己的优势而不谈及自己的劣势，毕业生在处理就业信息时要注意辨别，做到充分了解、心中有数，不要被表象所迷惑。

（四）准确地理解就业信息

对于掌握的就业信息，毕业生一定要准确地予以理解。尤其是就业政策中的特殊规定、社会需求信息中的特定要求、用人单位信息中的工资福利待遇及进修培训的相关规定，一定要准确地理解，必要时应致电咨询，以便因理解错误而致使自己在就业过程中走弯路或使自己的权益受损。

典型实例

小李搜集的就业信息

小李打算向一个公司求职，于是他事先在北京市工商局网站上查询了该公司的信用信息（见图 3-2），从中获取了如下信息:

（1）北京××计算机软件有限公司。（用人单位的准确全称）

（2）民营企业，有限责任公司，法人独资。（用人单位的所有制性质）

（3）注册资金 500 万元。（注册资金）

（4）成立日期 2002 年 4 月 23 日。（成立日期）

（5）经营范围包括应用软件服务，专业承包，技术推广服务，销售电子产品、消防器材、机械设备、五金交电。（经营范围）

（6）地址是北京市朝阳区胜古中路×号院×号楼×室。（详细地址）

企业信息

注册号：	1101××××××××235	企业类型：	有限责任公司（法人独资）
主体名称：	北京××计算机软件有限公司		
法定代表人/负责人：	丁×	行政区划：	朝阳区
成立日期：	2002-4-23	注册资本：	500万
经营期限自：	2002-4-23	经营期限至：	2022-4-22
登记机关：	北京市工商行政管理局朝阳分局	企业状态：	开业
地址/住所：	北京市朝阳区胜古中路×号院×号楼×室		
经营范围：	应用软件服务，专业承包，技术推广服务，销售电子产品、消防器材、机械设备、五金交电。其中非专利技术出资250万元。		

图 3-2 某公司信用信息

此外，他还通过该公司的官方网站、招聘网站和招聘宣讲会了解到以下信息：

（1）公司需求人才的职位、人数、工作岗位、职责范围。

（2）公司对人才素质的具体要求，如思想素质、学历、专业技能、外语水平、计算机操作能力、身体素质等。

（3）公司的发展历史、发展前景、员工人数、占地面积、主要产品及品牌、用户情况、产品的市场占有率、行业排行等。

（4）公司的薪酬福利体系，包括工资、奖金、职务津贴、福利保险、医疗、住房等。

（5）公司的领导管理体系，包括人才战略、用人理念、企业文化、组织机构、晋升机会等。

（6）公司所在地区对接受外地生源毕业生的条件、要求及手续办理程序。

（7）用人单位的联系方式，包括人事部负责人的姓名、电话、传真、通信地址、邮编、电子信箱、网址等。

三、就业信息的科学利用

无论是搜集信息还是处理信息，最终都是为了利用这些信息来获得理想的工作。

毕业生可以利用 SWOT 分析表对就业信息进行分析。SWOT 分析是指基于内外部竞争环境和竞争条件下的态势分析，S（strengths）指优势、W（weaknesses）指劣势，

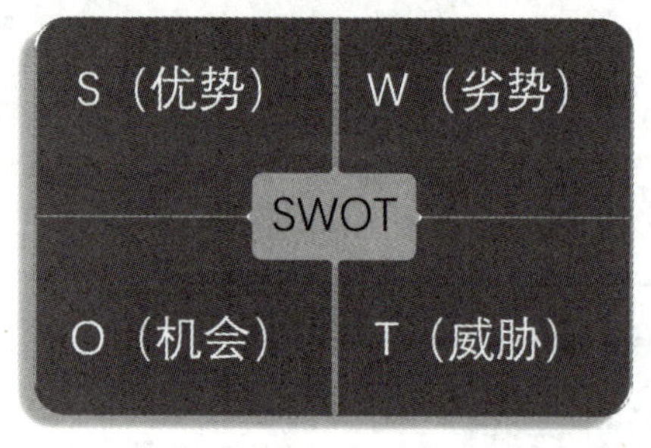

图 3-3　SWOT 分析表

O（opportunities）指机会、T（threats）指威胁。SWOT 分析表分为四个象限：自身好的条件是优势，自身无法满足的条件是劣势，外部好的条件是机会，外部欠缺的条件是威胁，如图 3-3 所示。

通过 SWOT 分析表，毕业生可以将就业信息分为四大类：有优势而无劣势、有机会而无威胁的就业信息对自己最有利，是最佳信息；优势多于劣势、机会多于威胁的就业信息，可作为备选信息；劣势多于优势、威胁多于机会的就业信息，也可作为备选信息；优势和机会全无、劣势和威胁较多的就业信息对自己最不利，是应该放弃的信息。

毕业生在经过了全面筛选和仔细分析之后，可对就业信息进行科学利用：

（1）尽快与用人单位取得联系，以免错失良机。因为，就业信息是具有时效性的，错过了时机就等于错过了就业机会。

（2）根据就业信息中的任职要求，及时、主动地学习相应的知识和技能，完善自己的知识、技能结构，提高自己的能力水平，弥补自身的不足，为今后的求职就业创造条件。

任务二　准备求职材料

求职材料是指毕业生为了求职成功而准备和使用的各种书面材料，包括求职信、简历及其他材料。

一、求职信

求职信是毕业生针对招聘职位而制作的，用于向用人单位自我推荐的书面材料。求职信集介绍、自我推销和行动计划于一体，并重点突出自身背景材料中与目标职位联系最紧密的内容，以提高求职的成功率。一份好的求职信能展现求职者清晰的思路和良好的表达能力。

（一）求职信的内容与格式

求职信的重点在于“荐”，一定要根据“为何荐？”“凭何荐？”“怎样荐？”的思路来安排内容。其书写格式与一般书信大致相同，包括标题、称呼、正文、结尾和落款。

1．标题

标题是求职信的标志。毕业生可以用较大的字体写明“求职信”三个字，要求简洁、醒目、美观。

2．称呼

这里的称呼指对主送单位或收件人的称呼，往往比一般书信的称呼更正式，应与简历区别对待。若写给国家机关或事业单位的人事部门负责人，可用“尊敬的××处长”；若写给企业人力资源部，则用“尊敬的××经理”；若写给科研院所或高校人事部门，可称“尊敬的××教授（处长、老师）”等。

称呼要正式、准确，忌用“前辈、叔叔、师兄”等称呼。由于毕业生求职时通常不了解用人单位的招聘人员职位，因此，在求职信中称呼招聘人员为“××领导”也是可行的。

3．正文

正文是求职信的核心部分，其形式和风格多种多样。撰写正文内容时应注意以下几点：

（1）简单自我介绍。对于应届毕业生来说，在信件的开头用一两句话说明自己的毕业学校、学历、专业等基本信息即可。例如，“我是××大学管理学院电子商务专业2012届专科毕业生”。

（2）说明求职信息来源。在求职信的开头说明求职信息的来源，可用一句如“本人在×年×月×日的《××报》上得知贵单位正在进行招聘活动，因此投信前来应聘”之类的话带过。

（3）说明应聘职位。在求职信的开头，应该说明所要应聘的职位，如“本人欲应聘网络维护一职”或“相信本人能胜任报社记者一职，故前来应聘”等。如果职位有编号，应当写上编号，如“网络维护（013号）”等。

（4）说明能胜任某职位的理由。这是求职信的关键部分，主要是向用人单位展示自己的专业知识和工作经验，与所应聘职位有关的一些成绩和技能，以及与该职位相匹配的性格、特长、兴趣爱好和其他情况。需要注意的是，说明能胜任某职位的理由，并不是简单堆砌经验和成绩，而要突出适合该职位的能力水平和个性特征，尽量避免写不相关的信息，更不要写与招聘条件“反其道而行之”的内容。例如，用人单位招聘的是“营销人员”，求职者却展现自己“内向、文静”的性格特征，这样往往会导致求职失败。

（5）暗示发展前途及潜力。在求职信中不仅要向用人单位说明自己现在的能力，还要说明自己具有可塑造性、发展潜力和培养价值。例如，担任过学生干部的毕业生可以向用人单位介绍自己在担任学生干部时所取得的成绩，展示自己在管理人员、组织活动方面的才能和潜力。

4．结尾

求职信的结尾一般包括两方面内容：一是盼回复，二是祝词。通常，表达希望对方答复的措辞几乎已成定式，如“我热切盼望您的回复”或者“我希望能获得与您面谈的机会”等；祝词可用“顺致安康”“祝贵公司兴旺发达”等，也可用“此致敬礼”之类的敬语。

5．落款

落款应署名并注明日期。署名应与信首的“称呼”相呼应，如果在信首称对方为“××老师”，则署名应为“学生××”，当然也可以直接签上自己的名字。需要注意的是，不管求职信是打印的还是手写的，署名都要手写。署名的下方要完整地写上年、月、日，并注明自己的联系方式。

典型实例

被点名面试的毕业生

广州某报社某年曾准备招聘一名新闻专业的毕业生，该报社人事处两名员工奉命赴上海高校选拔人才。他们刚到上海，报社领导就打电话通知他们速到南京大学面试某毕业生。起初，他们还以为是人际关系方面的原因，当他们到南京面试了这名毕业生后才知道，报社领导之所以点名面试这名毕业生，是因为收到了这名毕业生寄去的求职信及其他求职材料，而这名毕业生确实是他们急需的人才，于是他们当即决定录用这名毕业生。

（资料来源：原创力文档，https://max.book118.com/html/2017/1205/142805806.shtm）

（二）求职信的写作技巧

写求职信的目的是推销自己，争取面试机会。毕业生在写求职信时应掌握一些技巧，具体如下。

如何写好求职信

1. 确保言简意赅

招聘者的工作量很大，时间宝贵，若求职信篇幅过大，则会大大降低招聘工作的效度。1992 年，哈佛人力资源研究所的一份测试报告也证明了这一点，即一封求职信如果内容超过 400 个单词，则其效度只有 25%，即阅读者只会对 1/4 的内容留下印象。

求职信的功用只是为自己争取一个参加面试的机会，所以其内容必须言简意赅。

2. 突出重点内容

求职信一定要突出自己能给用人单位带来的价值，切忌面面俱到。例如，毕业生应聘销售员职位时，在简历中重点阐述与销售技能有关的实践经验，同时略写其他相关技能。

3. 力求有针对性

写求职信应力求有针对性，这样才能引起招聘者的注意。有的毕业生面对互联网上成千上万的职位，使用同一封求职信四处投递，这种求职信的命中率很低。原因很简单，这种求职信没有任何针对性，通常无法引起招聘者的注意。

4. 切忌夸大其词

写求职信一定要实事求是，用事实陈述代替华丽的修饰语，恰如其分地介绍自己，不要夸大其词。

5. 避免文字错误

一份好的求职信不仅能体现求职者清晰的思路和良好的文字表达能力，还能体现求职者的性格特征和做事态度。毕业生写求职信时一定要注意措辞，写完之后要通读几遍，切忌出现错字、别字、病句及文理欠通顺的现象。

（三）求职信的典型范例

1．范例一

求 职 信

尊敬的××经理：

您好！

我是一名即将从××大学外语系毕业的大学生，从《人才报》上得知贵公司××职位空缺，我想申请这一职位。

作为一名外语系学生，我热爱我的专业并为之投入了巨大的精力和热情。经过4年的刻苦学习，我在英语的听、说、读、写、译等方面有了长足的进步，并通过了英语专业八级考试；还选修了德语作为第二外语，可用德语进行日常对话。

我知道计算机和网络是我们生活、工作不可缺少的工具，所以我在学好本专业知识的基础上，能熟练使用办公软件及FoxPro、VB等程序开发工具。

此外，在校期间我多次获得校级奖学金，还担任过班长、团支书等学生干部职务，这些经历增强了我的组织协调能力。

随信附上我的简历。如有机会与您面谈，我将十分感谢！

此致

敬礼！

附件：个人简历

张×（手写）

2019年×月×日

（电话：137××××1578）

2．范例二

求 职 信

尊敬的领导：

您好！

我是××大学××专业的应届本科毕业生，今年7月，我将顺利毕业并获得工程学士学位。近期从贵公司网站上获知贵公司正在招聘人才，我欲申请网络维护工程师职位，并自信符合贵公司该职位的任职要求。

我具有较好的计算机应用能力，并于去年通过了全国计算机等级考试（四级）；能熟练操作Windows 2010，并能使用C++、Pascal、JavaScript等语言工具编程，能运用AutoCAD、Photoshop、Labview等软件开展相关工作。此外，我对网络技术也有一定的了解，正准备参加MCSE考试。

我的英语水平较高，在大学二年级时通过了大学英语六级考试，有着较强的阅读写作能力和较高的口语水平。在校期间，曾协助教授翻译过多篇技术论文。

在大学期间，我多次获得各类奖学金，而且发表过多篇论文，还担任过班长、团支书等学生干部职务，具有很强的组织和协调能力。我有强烈的事业心和责任感，能够面对任何困难和挑战。

我很希望能进入贵公司，发挥我的潜力与价值。随信附上我的简历，期待与您面谈！

此致

敬礼！

附件：个人简历

王××（手写）

2019年×月×日

（电话：138××××2754）

3. 范例三

求职信

尊敬的招聘经理：

您好！

我是××大学经济学院经济学专业的一名应届本科毕业生。我于2019年10月22日参加了贵公司在我校举办的校园招聘会，得知研究部正在招聘分析员，我希望应聘贵公司“研究部分析员”一职。

我在兼职、实习期间一直关注中国金融市场的动态，对于新兴证券公司尤为关注。贵公司成立之时，我正在环邦信息咨询公司担任实习翻译，有幸采编过有关贵公司组建过程的新闻。贵公司的领导团队由一批具有创新意识和进取精神的高素质人才组成，进入贵公司的员工将很有发展前途。以下是我个人能力与教育背景的综合简介。

良好的教育背景：于2019年7月获得了经济学学士学位。

金融行业工作经验：在迅联金融培训公司任兼职分析员，在环邦信息咨询公司担任兼职翻译，对金融、电子、通信等行业有较深的了解。

较强的沟通能力：曾在校“摄影协会”及“爱心社”的社会工作中较多地进行对外沟通及内部管理工作。

扎实的个人技能：在兼职工作中经常使用英语，并能用 Excel 及 PowerPoint 进行大量文案工作。

我希望凭借我所具有的相关工作经验和专业知识技能，以及自身的刻苦、进取精神，能加入贵公司的研究团队从事基础分析工作，为公司的研究业务能更好地为客户服务而贡献力量。

尊敬的招聘经理，我非常希望能够得到贵公司的面试机会。感谢您拨冗阅读我的求职材料。

顺祝商祺！

附件：中英文简历各一份

齐×（手写）

2019年×月×日

（地址：上海市东方路999号；电邮：××@163.com；电话：139×××××357）

二、简历

个人简历是一个人对其学历、经历、特长、爱好、成绩等有关情况所做的简要介绍（见图 3-4）。其目的是让用人单位全面了解自己，从而为自己创造面试的机会。个人简历是用人单位对求职者进行分析、比较、筛选，决定是否录用求职者的主要依据。

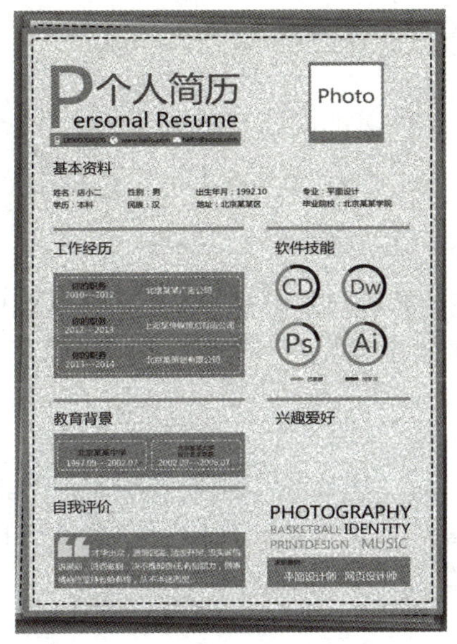

图 3-4 求职简历

HR 如何筛选简历

（一）简历的基本要素

一般来说，简历的内容应该包括个人的基本情况、教育背景、学习成绩、外语和计算机应用水平、实践经验、获奖情况、能力和特长、性格评价、求职意向、联系方式等。

1．基本情况

个人的基本情况包括姓名、年龄（出生年月）、性别、籍贯、民族、最高学历、政治面貌、毕业学校、专业等。一般来说，个人基本情况介绍得越详细越好，但要有条理地逐条罗列，每条内容用一两个关键词概括说明即可。

2．教育背景

教育背景主要是指求职者从高中阶段至就业前所获最高学历期间的学习经历，即从某年某月到某年某月在哪所学校就读。将最近的学习经历写在最上方，每一段学习经历的起止时间前后衔接。

3．学习成绩、外语和计算机应用水平

在简历中列出大学阶段的主修、辅修与选修科目及相应成绩，并写明外语和计算机应用水平。大学期间所修科目众多，在罗列所修科目时要以自己所谋职位的必备技能为依据，突出重点，有针对性地罗列，而不必面面俱到。

4. 实践经验和获奖情况

实践经验和获奖情况是个人简历中的重要内容。用人单位一般都很看重求职者的实践能力与工作经验，所以毕业生一定要认真填写这方面内容，主要突出大学期间个人所担任过的职务、获得的各种奖励，以及从事各种兼职工作、参与实习和社会实践的情况。如果曾在大型企业做过兼职，则一定要在简历中注明，因为拥有大型企业的工作经历，能在一定程度上说明自己得到过较好的锻炼，拥有宝贵的工作经验，这是用人单位很看重的。有过工作经历的研究生，应突出自己在原工作岗位上的业绩。

5. 能力、特长及性格评价

个人能力、特长及性格评价要恰如其分，尽可能注明与所谋求职位的特点及要求相关的专长、兴趣和性格特征，必要时可以注明“勤奋肯干，如有需要，愿意服从加班安排”等。

6. 求职意向

求职意向一定要明确。需要注意的是，每份简历都是根据自己所申请的职位来设计的，突出自己在某个方面的优点即可，千万不能把自己说成一个全才。建议毕业生根据不同的求职意向准备多份求职简历，以便有侧重地展示自己。

7. 联系方式

一定要准确地填写自己的电话号码和 E-mail 地址，否则用人单位很难联系到自己。有的大学生频繁地更换联系方式，这对求职应聘是非常不利的。因为求职者更换联系方式后，用人单位将无法与求职者取得联系，求职者可能因此而失去面试的机会。

拓展阅读

制作简历的注意事项

据某网站统计，规模较大的企业一般每周会接收 500～1 000 份电子简历，其中80%的简历，在浏览时间不足 30 秒时就会被删除。

要想让招聘者在半分钟内通过一份电子简历对自己产生兴趣，求职者在撰写简历时除了应将主要内容表达清楚外，还应注意以下问题：

（1）层次分明，文字简洁。

（2）根据用人单位的需要与目标职位的特点展示个人的能力与专长。

（3）根据求职目标设计简历。

（4）简历材料要准确、真实。

（5）打印前通读一遍，确保不出现错别字。

（6）简历没有固定的格式，可以形式多样化。

（7）简历内容尽可能压缩在一页 A4 纸内。

（资料来源：CN 人才网，http://www.cnrencai.com/qiuzhijianli/49917.html）

（二）简历的制作原则

1．简短

简历不要太长，一般应届毕业生的个人简历有一页 A4 纸即可。据调查，用人单位花在每份简历上的平均时间不到 1.5 分钟，要想在这短短的时间内迅速吸引招聘者的眼球，简历不做得短小精悍是不行的。

如何让你的简历脱颖而出

2．清晰

简历应一目了然，确保简历的阅读者一眼就能看到他们需要的信息；简历的语言应简短、易懂，而不要晦涩难懂；尽量不使用缩略语或学生中流行的时髦词汇；打印简历时，应选择合适的字体和字号。

3．准确

简历中的错别字会直接影响招聘者对求职者的印象。一份简历能体现一个人的语言文字功底和做事风格，而招聘者考查求职者的文字能力、细心程度等内容就是从简历开始的。因此，表达清楚、准确、规范，是简历语言的基本要求。

4．整洁

整洁的简历能让招聘者在看具体内容之前就心生好感或产生阅读兴趣。因此，毕业生在制作简历时，一定要注意保持简历干净整洁。

5．真实

毕业生写简历内容时既不要夸大其词，也不要过分自谦或消极地评价自己，更不能编造虚假信息，而应客观、真实地介绍自己的相关情况。

典型实例

简历切不可弄虚作假

小王的身高是 171 厘米，但他听说很多单位招聘时对身高都有要求，于是就在简历里的“身高”一栏填了“175 厘米”。参加招聘会的时候，为了使自己的身高显得与简历信息相符，他特意穿了一双鞋跟比较高的皮鞋。招聘会上，某知名企业正在招聘公关人员，待遇不错，要求任职者身高为 175 厘米以上。

小王递上了自己的简历后，该企业还专门强调了身高方面的要求，并问他是否确定自己的身高符合要求。为了通过第一关，小王向招聘者说自己绝对符合。招聘者看了小王的简历和小王的外在形象后，觉得比较满意，便告知小王三天后去办公地点参加面试。小王非常高兴，然而他去参加面试时，第一项内容就是测量身高。由于制作简历时弄虚作假，小王在面试中被淘汰了。

拓展阅读

普通简历与优秀简历的区别

普通简历与优秀简历的区别如表 3-1 所示。

表 3-1　普通简历与优秀简历的区别

区别项目	普通简历特征	优秀简历特征
校徽	大部分有	通常没有
标题	“简历”或“个人简历”	有独特的标题、应聘职位等
照片	形式花俏，千姿百态	真实、美观、规范
个人信息	内容冗长，有的像自传，有的像征婚启事	言简意赅，三行文字即可囊括最主要的信息
求职目标	目标不明确	目标明确
教育背景	没写课程名	由近及远地写毕业院校，写了课程名，并注明了平均成绩及排名
实习经历	将一些经历进行简单罗列，没有轻重之分，也不对经历进行介绍	实习经历有主次之分，关键事件不超过 4 项，并按照 STAR 法则（即按照事情是在什么情况下发生的、自己是如何明确任务的、采取了什么行动、获得了什么样的结果这种顺序阐述一件事）对实习经验进行简要介绍
项目经历	将一些经历进行简单罗列，没有轻重之分	严格按照 STAR 法则简要介绍与应聘职位相关的项目经验
竞赛实践	长篇罗列各种类型的竞赛，包括与应聘职位无关的竞赛	简要介绍与应聘职位相关的竞赛
校内工作	大篇幅书写与应聘职位无关的学习、实践经验	简要介绍与应聘职位相关的实践经验
获奖情况	没有获奖情况或罗列较多获奖情况，没有分类，也没有主次之分	分类描述获奖情况，同时对各种奖项进行简要介绍
个人技能	罗列较多技能（包括自己并未熟练掌握的技能），没有突出自己的独特之处	列出了与应聘职位相关的技能，且对相关技能的应用达到一定水准
性格特点或爱好	具体描述性格特征或爱好，包括与应聘职位不匹配的特征	选择性填写与应聘职位相匹配的性格特征或爱好
简历篇幅	篇幅较大，通常为 3 页甚至更多	篇幅较小，通常为 1 页
低级错误	低级错误较多，包括拼写、语法、标点符号、字体字号等方面的错误	没有低级错误
真实度	常艺术性地夸大所取得的成绩	不造假，但有表达技巧
精确度	较少用数据证明事实，精确度较低	善于用数据证明事实，精确度较高
排版	不讲究版面布局	版面美观，布局合理
文字风格	平铺直叙，大段描述	言简意赅，分条介绍
主观印象	杂乱无章，无主次之分	精美，条理清晰，主次分明

（三）简历的典型范例

1. 范例一

个人简历范例一如表 3-2 所示。

表 3-2 简历范例一

个人简历

姓　　名：张×　　　　性　　别：男
出生年月：1995 年 10 月 1 日　　　　健康状况：良好
毕业院校：××大学　　　　政治面貌：中共党员
学　　历：本科　　　　专　　业：人力资源管理
联系电话：（010）5685××××　　　　手　　机：138××××1128
E-mail：××@sina.com
通信地址：北京市西城区××大街 1 号　　　　邮　　编：100008
社会职务：校学生会副主席、院系团支部书记
求职意向：人力资源部经理助理

教育背景	2015 年 9 月—2019 年 7 月，××大学 2012 年 9 月—2015 年 7 月，北京市西城区××中学
继续教育情况	2019 年底获得助理人力资源管理师资格证书
主修课程	运筹学、市场营销、西方经济学、国际贸易、电子商务、推销与谈判、人力资源管理、组织行为学、劳动法、经济法等
英语水平	通过大学英语四、六级考试，能熟练地进行听、说、读、写
计算机水平	通过国家计算机二级考试，熟悉网络和电子商务；能熟练操作 Office 办公软件
获奖情况	四次获得校级二等奖学金；三次获得“优秀学生干部”和“三好学生”称号
实践与实习	2016 年 5 月组织了学校“五四”青年节大型歌咏比赛 2017 年 7 月在××公司见习，主要负责制订公司人员的年度培训计划、员工的再教育和再培训，以及统计人力资源的相关数据 2018 年 3—5 月在××科技公司人力资源部任经理助理，主要职责：公司内部人员的岗位调动，离职的审批和应聘人员的挑选，制订公司人力资源招聘及管理制度
自我评价	热情、努力，善于团队合作，有较强的交际能力；做事踏实，能自觉遵守公司的纪律

2．范例二

个人简历范例二如表 3-3 所示。

表 3-3 简历范例二

齐× 上海市东方路 999 号 ××大学 99 号楼 909 室（200002） E-mail：××@163.com 电话：（021）7658×××× 139×××0357（全天）	
教育背景	
2015 年 9 月至 2019 年 7 月	东方大学经济学院经济学专业，于 2019 年 7 月获经济学学士学位。所学主要课程包括宏观经济学、微观经济学、制度经济学、产业经济学、国际贸易、国际金融、货币银行学、公司财务、概率论与数理统计、计量经济学、应用统计学等；三次获得学校一等奖学金
工作经验	
2019 年 7 月至今	单位职务：上海迅联金融培训公司分析员（兼职） 主要职责：参与金融培训课程设计、客户需要分析和商业计划的撰写；参与中国著名券商为期 15 个月的培训项目规划，包括撰写商业计划书、参与竞标、中标后采访 10 位券商高级管理人员，以及参与编写“培训规划战略”稿件等；参与设计“华尔街初级员工培训（中国版）”的培训课程
2016 年 7 月至 8 月	单位职务：上海环邦信息咨询公司新闻部实习生（暑期实习） 主要职责：每日更新欧美金融市场最重要的 6 条新闻，搜寻 5 条关于中国市场的评论；翻译当天《金融时报》《华尔街日报》等关于国内金融市场的新闻报道；起草新闻评论稿，内容涵盖通信、电子、教育、物流、快速消费等行业
2016 年 5 月	单位职务：东方大学“江山多娇”摄影采风团领队 主要职责：率领校摄影协会 60 名会员赴云南采风；负责整个活动的策划，并为活动引入美达摄影器材公司 5 万元赞助金；负责协调车辆调度及部分后勤工作；与保险公司谈判，为参加人员购买总价值 50 万元的人身意外保险
2015 年 9 月至 2017 年 6 月	单位职务：东方大学体育部干事 主要职责：发起、组织校内“新生杯”篮球赛，设计赛事方案，租借场地，联络校领导出席比赛现场；起草校运会赞助招商方案，获得健体运动饮料赞助经费 2 万元；设计、张贴校内体育活动海报，每周两次起草校广播站有关体育赛事新闻稿及评论稿
个人能力	
通过大学英语六级考试，口语流利；能熟练使用 Excel、PowerPoint、Flash 等软件；校乐团单簧管演奏员，院篮球队前锋，曾获得全校篮球赛亚军	

拓展阅读

如何让你的简历成为 HR 的首选

现在的情形是：在发布招聘信息的 1 小时后，已经有 150 多份的简历塞满人事经理的邮箱。怎样才能脱颖而出呢？在这篇文章中，我们将介绍四个小技巧，以帮助求职者写一份条理清晰、令人印象深刻的简历，并让这份简历成为人事经理的首选。

一、使用标准化的字体

在大多数情况下，人事经理希望在大量简历中很快发现具备所需技能的人选。求职者制作简历时的最佳选择是 Times New Roman 字体（西文）和宋体（中文）。这两种字体便于阅读。字体大小最好为 10 磅至 12 磅。无论选择哪种字体，请保持字体风格的一致性，这样会让简历看起来更美观大方。

多种字体会使页面看起来拥挤杂乱，会让人怀疑求职者的组织能力。不过，若求职者申请的是一项富有创造力的职位，如平面造型设计，就不必拘泥于这些规则了，而可以充分展现自己的创意魅力。

二、将最重要的信息写在开头

如果一位人事经理要在很短的时间内（15～20 秒）阅读求职者的简历，他会将目光集中于简历的前半部分（有点类似于阅读报纸的新闻提要），希望能一眼发现合适的人选。如若不然，求职者的简历将被扔到一边，人事经理会继续阅读下一份简历。因此，求职者应将最重要的专业技能和工作经验写在简历的突出位置，经历、经验是简历的重点。建议求职者把职责概括成一两句话，侧重展示所取得的业绩，且多用数字表达。例如，“用了 1 个月招聘到了 30 个新员工”“开拓的新招聘渠道节省了猎头费用 15 万/年”等。

数数看，自己的简历上有多少数据（业绩、用户数、节省成本、市场份额等）。再数数简历上有多少形容词（勤奋、负责、向上、有团队精神等），人人可自夸，形容词要来自他人之口才有用。简历中，每个数据加 5 分，每个形容词扣 1 分。

此外，简历的小标题包括联系信息、主要资质、工作经验、相关志愿工作与其他经历、教育背景及奖励情况等。

三、不要太死板

简历不仅仅展示了求职者的经验和技能，也展现了求职者的个性。在叙述已取得的成果时，求职者一定要自信、从容。简历要尽量写得开放、自然、专业且具有个性。另外，要尽量表现出自己在专业领域的博学，并能引起招聘者的兴趣。总之，千万不要让简历变成枯燥无味的文件。

四、定期整理自己的简历

要重申一下，好的简历应该格式整齐，有留白，让人赏心悦目。求职的信息要尽量写在一页纸上（如果求职者在专业领域有 5 年以上的工作经验，则可以用两页纸）。绝对不要有错字、漏字或语法错误，否则求职者的简历将立即被扔进垃圾桶里。

好的简历是要经过长时间打磨的，求职者应记得定期检查自己的简历，在适当的时候更新信息。任何一封求职申请都不会是最终版本，认真研究招聘的职位描述，与这个职位无关的内容不要写，有关的内容要好好写。陈旧的简历会让求职者很快被淘汰出局。

（资料来源：大街网，https://campus.dajie.com/square/2139.html，有改动）

三、其他材料

除了求职信和个人简历外，毕业生还应提前准备以下材料：

简历不应只有一份

（1）毕业证书、学位证书。

（2）各种荣誉证书，包括奖学金证书和各类活动获奖证书。

（3）英语和计算机等级证书。

（4）各类资格证书，如报关员资格证书、注册会计师证书等。

（5）学校正式开具的、盖有印章的成绩单、推荐材料、实习鉴定材料等。

（6）在正式出版物上发表的文学作品、科研论文、美术设计作品、音像作品、摄像作品，以及各类小制作、小发明、小创作的图像资料。

如果以纸质资料的形式投递简历，则求职材料的摆放顺序为求职信、个人简历、其他资料；如果以电子邮件的形式发送简历，则将求职信写在正文部分，将简历与其他资料打包后上传至附件，并且邮件和打包的附件都要记得写好标题，如“××应聘××岗位的求职材料”。

案例点评

“案例引导”中的杨阳在就业信息搜集方面做好了充足的准备，所以他在就业过程中获得了信息优势，赢在了起跑线上。毕业生在就业过程中，应积极主动地了解国家颁布的大学生基层就业政策，多渠道搜集就业信息，并结合自己的实际情况对所搜集的信息进行甄别、筛选、整理和分析，把握就业信息的真实性、时效性和价值性这三个特性，充分利用就业信息，为维护自身合法权益、科学选择就业岗位并顺利就业做好充分的准备。

事迹采撷

青春护航——教育部多措并举促就业创业

2021 年 5 月 17—23 日，教育部“2021 届高校毕业生就业促进周”系列活动在全国开展，除了一系列大型招聘会、校企供需对接会、就业育人活动外，“24365”智慧就业平台还为广大高校毕业生提供“不打烊”的就业服务，让毕业生吃下“定心丸”，也为“稳就业”注入“强心剂”。

教育部表示：“做好高校毕业生就业工作，首先要做好人岗匹配工作。为确保就业局势稳定，教育部总结工作经验，指导各地各高校开源拓岗，用好‘互联网+就业’新模式，创新供需对接方式，努力实现就业岗位与毕业生的精准匹配。”

在加强重点群体就业帮扶方面，教育部在全国高校中建设100个“全国普通高校毕业生就业能力培训基地”，每年免费为10万以上需要帮扶的毕业生提供线下就业能力培训。此外，教育部还要求各高校按照“一人一档”“一人一策”建立健全工作台账，对需要帮扶的毕业生“拉一把”。

为拓展“就业+互联网”新模式，教育部会同12大社会招聘机构，建设“24365”智慧就业平台，为高校毕业生提供24小时就业服务。围绕中西部地区就业、重点地区和城市引才推介、大学生参军入伍等主题，开播“24365互联网+就业指导”系列公益直播课，打造就业指导“名师金课”。

此外，各高校也积极为毕业生就业创业开路搭桥、保驾护航。

北京中医药大学为毕业生提供免费孵化场地、公司注册“绿色通道”、创业启动金等，并录制视频课程，为毕业生创新创业插上翅膀；西南财经大学开展“西财公考加油站”“简历诊所”“模拟面试”等各类就业指导活动200余场次，服务学生6 000余人次，并引入求职指导、职业适应等第三方线上诊断辅助系统；东北大学春季双选会首次设立“职业咨询专区”，指导老师围绕考研与就业选择、求职准备、发展目标确立等问题为学生现场答疑释惑……

高校毕业生就业创业工作的背后，是无数老师、辅导员的付出，他们努力为毕业生提供“四心”服务，做到毕业教育动心、就业指导入心、就业服务暖心、就业跟踪贴心，陪伴莘莘学子走好毕业前的“最后一千米”。

（资料来源：中国青年网，http://news.youth.cn/gn/202105/t20210527_12973828.htm）

【心得体会】

躬行践履

1. 制作就业信息库

内容：根据自己的职业目标搜集相应的就业信息，并制作就业信息库。

要求：

（1）通过网络、就业主管部门、新闻媒介、社会关系或其他渠道搜集 10 条以上就业信息，按照一定的标准整理成自己的就业信息库（见表 3-4）。

（2）仔细分辨就业信息的真伪性、时效性，并选出自己拟求职的信息。

表 3-4　就业信息库

单位名称	工作地点	学历要求	工作年限	英语水平	薪资待遇	其他
A 公司	上海市	本科	3 年以上	不限	6 000～8 000 元	专业对口，能独立完成环评项目，熟练使用相关软件，有环境影响评价工程师资格证书者优先
B 公司	广东省中山市	大专	不限	不限	面议	有经验者从优
C 公司	云南省昆明市	大专	不限	四级	面议	有经验者从优
D 公司	福建省泉州市	大专	不限	四级	面议	限女性
E 公司	江苏省南京市	大专	不限	不限	年薪 10 万	环境类相关专业
F 公司	北京市	本科	1 年以上	不限	面议	取得环境影响评价工程师资格证书
G 公司	河南省郑州市	大专	不限	六级	面议	专业对口，取得相关资格证书或有经验者优先
H 公司	浙江省杭州市	硕士	不限	六级	面议	专业对口，有工作经验和环境影响评价岗位证书者优先
I 公司	浙江省宁波市	本科	不限	不限	面议	专业对口，有工作经验和环境影响评价岗位证书者优先

2．制作求职材料

内容：根据自己的优势和特点，撰写求职信和简历，并准备相关的求职材料。

要求：

（1）根据所学知识，规范地撰写求职信和简历。

（2）求职材料应具有针对性，内容真实客观，形式赏心悦目。

（3）以纸质材料的形式呈现。

（4）请同学对自己的求职材料进行评价或提出修改建议。

（5）修改自己的求职材料。

就业加油站

（1）《大学生就业与创新创业教程》（张迎、王传刚主编，人民邮电出版社，2019 年 10 月）。

（2）《大学生就业 36 忌》（杨粟裕、刘殿权主编，中国科学技术出版社，2016 年 9 月）。
（3）教育部大学生就业网：https://www.ncss.org.cn/。
（4）长沙人才网：www.cshr.com.cn。
（5）中国大学生在线：http://job.univs.cn。
（6）乐学网：https://www.loxue.com/siteinfo/136.html。
（7）中国大学生网：http://www.chinacampus.org。
（8）前程无忧网：http://www.51job.com。
（9）中华英才网：http://chinahr.com。
（10）智联招聘网：http://www.zhaopin.com。
（11）北极星环保招聘网：https://hbjob.bjx.com.cn。
（12）一览环保：http://www.hbjob88.com。
（13）环保英才网：http://www.huanbaoyc.com。
（14）环保招聘网：http://www.envhr.com。
（15）中华人民共和国生态环境部招聘系统：http://hrr.mee.gov.cn。
（16）中国环境人才网：http://36ae.36.cn。
（17）环境人才网：http://hj.chemrc.com。
（18）中国环保人才网：http://www.h8job.com。
（19）个人简历网：http://gerenjianli.com/。

项目四　掌握求职技巧　预防求职陷阱

篇首导言

求职技巧极其重要。在我国目前的就业形势下，企业对求职者的要求越来越高，求职者之间的竞争越来越激烈。遗憾的是，不少大学毕业生不注重求职技巧，求职时屡次以失败告终，有的大学毕业生还因求职心切而陷入求职陷阱。

为了让大学毕业生充分认识求职技巧的重要性，掌握必要的求职技巧，学会识别并有效地避开求职陷阱，本项目将对笔试技巧、面试技巧、求职陷阱的预防和应对等相关知识进行简要介绍。

学习目标

知识目标：

- ✧ 了解笔试的种类和笔试的准备工作。
- ✧ 熟悉面试的形式和内容。
- ✧ 明确面试之前须做的准备工作。
- ✧ 了解大学生常见的求职陷阱。
- ✧ 熟悉传销的常见骗术。

素质目标：

- ✧ 培养“慎微”意识，既要胸怀做大事的志向，又要着手从小事做起，从细微之处培养优良作风。
- ✧ 在求职过程中提高警惕，增强安全防范意识，避免陷入求职陷阱。

经典语录

如果事先缺乏周密的准备，机遇也会毫无用处。

——托克维尔

良好的方法能使我们更好地运用天赋的才能，而拙劣的方法则可能阻碍才能的发挥。

——贝尔纳

你可以从别人那里得来思想，你的思想方法即熔铸思想的模子却必须是你自己的。

——拉姆

粗心导致面试失败

小李是某高校市场营销专业的一名应届毕业生，他看中了一家合资公司的销售经理职位，经过两轮笔试后，顺利进入最后的面试。为此，小李进行了精心准备，还特意买了一套西服。面试时，考官对小李的表现比较满意，表示想看看他的实习鉴定材料。由于事先没有整理求职材料，小李一时没有找到实习鉴定材料，心里一慌，手里的材料散落了一地；好不容易找到了实习鉴定材料，小李慌乱中又将考官的茶杯碰倒了，他心中一急，一句脏话就随口而出。这时，主考官面露愠色。

总算挨到面试结束，小李长吁了一口气。由于离开时过于匆忙，竟将毕业证书遗落在考场，小李慌慌张张地返回考场，拿回了自己的毕业证。这时，各位考官再也受不了，大笔一挥，便将小李的名字从录用名单中删掉了。

（资料来源：百度文库，https://wenku.baidu.com/view/fb88a4ce4693daef5ef73d5a.html，有改动）

任务一 掌握笔试技巧

笔试是指用人单位为考查应聘者的任职能力与潜力而以书面形式进行的测试。笔试是招聘过程中常用的一种考核方法，主要适用于应试人数较多、需要考核的知识面较广或需要重点考核文字能力的情况。大学毕业生对笔试并不陌生，但应注意求职择业过程中的笔试与在校期间课程考试之间的不同之处，做好笔试的准备工作，掌握笔试的技巧。

一、笔试的种类

（一）专业考试

专业考试主要用于考查应聘者的专业知识水平和相关的专业技能。一般情况下，用人单位在接收毕业生时主要通过学校提供的推荐表和成绩单及毕业生的自荐材料来了解毕业生的基本情况。与此同时，一些用人单位采用笔试的方式对求职者进行专业知识的再考核。例如，外资企业招聘职员要考外语，金融单位招聘职员要考金融专业知识，公检法机关录用干部要考法律知识等。

（二）智商和心理测试

企业笔试的那些事

智商测试主要考查应聘者的观察能力、综合分析能力、思维反应能力等。智商测试主要为一些著名跨国公司所采用，他们对毕业生所学专业一般没有特殊要求，但对毕业生的素质要求较高。他们认为，专业能力可以通过公司的培训获得，因此，有没有专业背景无关紧要，但毕业生是否具有快速接受新知识的能力则是至关重要的。智商测试其实并不神秘，主要有两种类型：一类是图形识别。例如，提供四种图形，让应聘者指出其相似点和不同点。另一类是算术题，主要测试应聘者对数字的敏感程度及基本的计算能力。例如，提供一组数据，让应聘者根据不同的要求算出平均值。这类测试在会计师、审计师等职业招聘中比较常见。

心理测试是指要求应聘者填写事先编制好的标准化量表或问卷，然后根据标准化量表或问卷的填写情况来判定应聘者职业心理水平或个性差异的方法。一些用人单位常常用这种方法来测试应聘者的态度、兴趣、动机、智力、个性等心理素质，然后根据任职要求决定取舍。职业心理测试之所以得到广泛运用，是因为个体的心理素质与职业之间有着密切关系。很多人会因为个人的心理素质与职业不相匹配，在工作中频繁失误，进而产生焦虑、失望等不良情绪，最终致使职业发展受到影响。

（三）技能测验

技能测验主要考查应聘者的动手能力和实践能力，主要包括操作和使用计算机的能力、英语会话和阅读的能力，以及在财会、法律、驾驶等方面的实际操作能力。

（四）综合能力测试

综合能力测试兼有智商测试的功能，但测试要求更高，主要考查应聘者的文字表达能力、逻辑思维能力、分析和解决问题的能力等。例如，IT、电子、通信、机械重工等行业的企业在招聘技术人员时，就会着重考查应聘者的逻辑推理能力、数字计算能力及行业相关的综合知识，如要求应聘者在规定的时间内对一组数据、一组资料进行分析，找出其合理之处和存在的问题，并设计出解决问题的方案。

拓展阅读

全球知名企业的笔试案例

到全球知名企业工作是许多大学毕业生的心愿，但很多毕业生对名企总是抱有一种仰视的心态，认为名企是可望而不可即的，觉得名企的招聘方法神秘莫测。在求职过程中，了解名企的笔试方法，无疑会有利于应聘者提高求职的成功率。名企是怎样进行笔试的呢？下面来看几个例子。

全球知名企业 A：考题没标准答案

企业 A 的技术支持中心的招聘必定从笔试开始。笔试考卷分 A、B 两类。A 类考卷适用于非计算机专业的应聘者，考查逻辑思维能力的试题占70%；B类考卷适用于计算机及相关专业的应聘者，考查技术知识的试题占 70%。而销售部、研发中心和研究院招人时一般不进行笔试。

企业 A 的笔试从 IQ、算法、应用程序、谜语四个方面对应聘者进行考核。很多人在网上看到过一些非常经典的题目，如“下水道的盖子为什么是圆的？”之类的试题就出自企业 A 的试题库。企业 A 希望招到更多具有开放型思维的人，因此很多考题并没有标准答案。例如，“你认为北京有多少个公共汽车站？”，应聘者可以随便给出答案，5 个或者 5 000 个都可以，关键是要有合理的解释。又如，“北京的人口是多少？其中有多少人是需要乘坐公共汽车的？假设每人一天多少次，按照单程来算……”等。只要有一套自己的思维方式，就能做出一份好答案。企业 A 很看重员工的逻辑分析能力，而这类试题主要测试应聘者的思维方式。

全球知名企业 B：笔试用中文

在企业B，笔试成绩只作为参考，并不是应聘过关的唯一依据。相对而言，应聘者的经验、面试的结果更为重要。企业 B 有全球统一使用的测试题，这套试题最初为英文，近年来翻译成中文。企业 B 认为设计这套中文试题就是为了考查逻辑推理能力，如果用英文，则对应聘者逻辑推理能力的反映可能不够客观和全面，因此把它翻译成了中文。

全球知名企业 C：注重英语水平

企业 C 的笔试主要由解难能力测试和英语水平考试构成。前者是一个时长 65 分钟的书面测试，主要考查应聘者的逻辑思维能力和判断能力；英语水平考试侧重于考查应聘者在跨国企业工作中的基本沟通能力。企业 C 认为，掌握英语能够让新员工在工作中很好地与人沟通。

全球知名企业 D：字迹要清楚

企业D很重视笔试成绩，但也重视答卷上的字迹。答卷人字迹潦草会给考官留下坏印象。在一次招聘中，一名应聘者答题的准确率很高，但是字迹很潦草，难以辨认，最终被企业 D 拒之门外。

从上述案例可以看出，名企的笔试虽然各有千秋，但也有相同的地方，即善于从不同角度全面地了解应聘者的综合素质。这些企业既重视应聘者的智商、逻辑思维能力和创新精神，也非常关心其沟通能力、团队精神和行为细节。

（资料来源：原创力文档，https://max.book118.com/html/2016/1104/61307864.shtm）

二、笔试的准备

对于求职者来说，如果有机会参加招聘企业的笔试，那么一定要在笔试前做好以下准备。

（一）了解笔试内容，做到心中有数

笔试的主要内容是基础知识和专业技能知识，其次是与用人单位有关的某些知识。

不同类型的笔试有不同的考核内容，应聘者在考前应进行详细的了解，针对不同的情况做相应的准备。一般情况下，应聘者可以通过多种渠道和方式了解企业历年笔试试题的题型，并做一些模拟题，看看自己能否在指定时间内完成、正确率是多少，找出错误原因，总结笔试经验，并针对自己的弱项进行突击练习。如果实在找不到招聘企业往年的笔试资料，应聘者可以通过研究招聘信息中对相关技能的要求来判断笔试题的题型和考核内容。

（二）熟悉笔试题型，进行认真复习

用人单位比较重视应聘者对所学知识的应用能力。应聘者熟悉笔试题型之后，应该根据知识考查范围进行延伸复习。在复习的过程中，应聘者要理论联系实际，学以致用，并对与招聘职位相关的知识进行认真梳理；要广泛阅读相关资料，扩大知识面，提高阅读能力，以便应试时应对自如。为了适应笔试的题量，应聘者还应训练快速阅读、快速思维和快速答题的能力。

实际上，在校园招聘中，企业招聘试题涉及的一些基础知识及专业知识可能是毕业生在大学课堂上学习过的。所以，毕业生在参加笔试前，将相关的知识点再复习一遍，有助于从容应对笔试。

（三）明确笔试要求，准备考试用具

用人单位对应聘者进行笔试测试时，不仅要考查通用知识和专业知识，还要考查心理素质、办事效率、工作态度、修养水平和思维方式等，所以应聘者在参加笔试时，要认真审题，明确试题要求，领会考题暗含的主旨，将自己的认知水平、知识水平和能力水平通过笔试较好地展示出来。

与此同时，应聘者在接到笔试通知之后，应根据笔试通知的要求，准备好相关的考试用具（如 2B 铅笔、橡皮、签字笔、计算器等）和个人证件（如身份证、学生证等）等。

（四）熟悉考试环境，做到有备无患

熟悉考试环境主要是指了解考场的设置情况，如去考场的路线、自己所在考场的空间位置、自己座号的具体位置等。同时，应聘者还应熟悉存包处及卫生间等具体位置，并熟记考场规则，将每场考试的起止时间、作答要求等重要事项牢记于心。

（五）确保充足睡眠，保持良好状态

参加笔试前，应聘者应保持良好的生理和心理状态：可以适当地参加一些文体活动，使高度紧张的大脑得到放松；正确地评价自己，调整好心理状态；确保充足的睡眠，以避免考试时精神不振。

拓展阅读

用人单位的招聘流程

用人单位面向社会招聘人员时，通常按照以下流程进行（见图 4-1）。

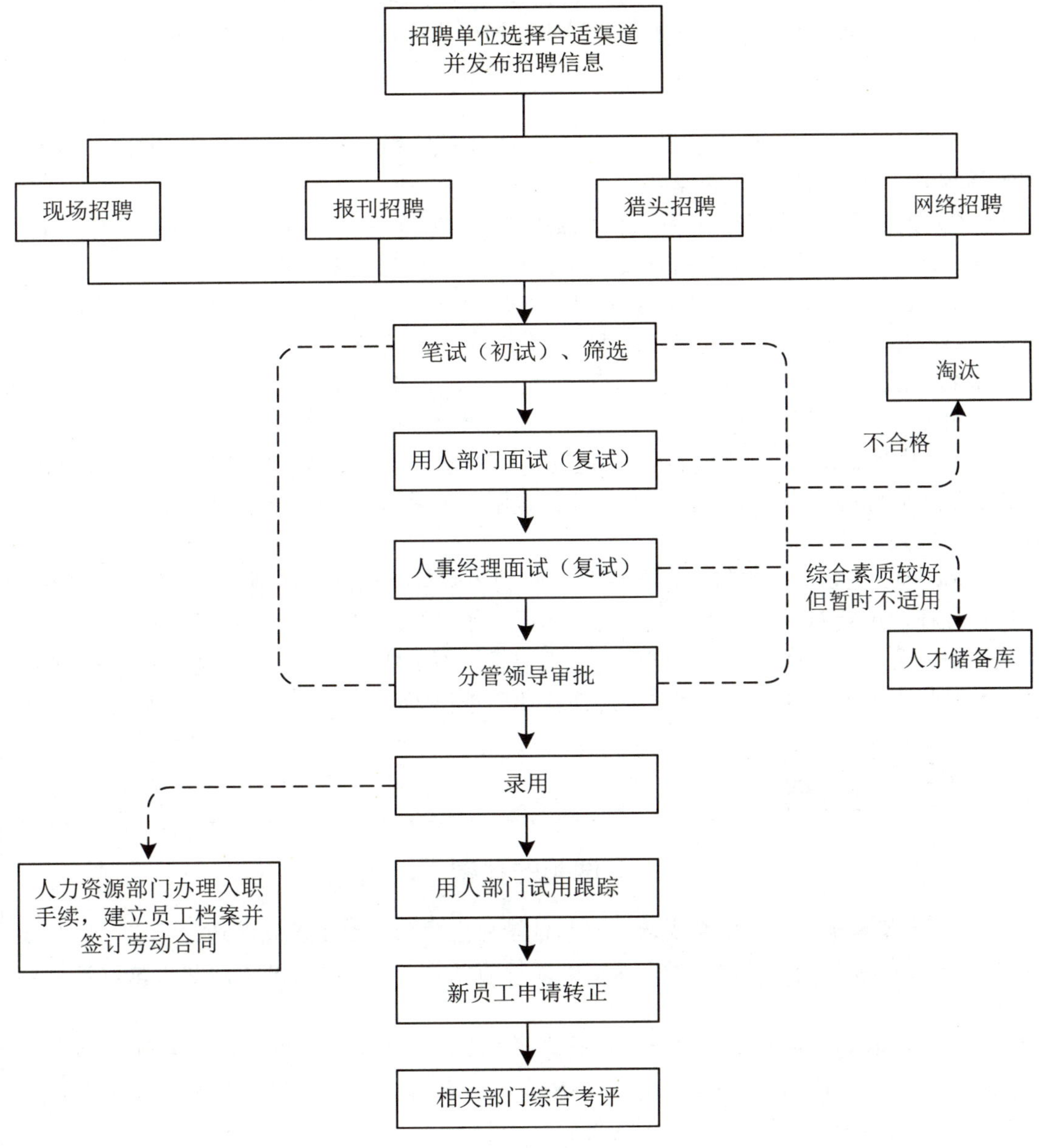

图 4-1　用人单位的招聘流程

三、笔试的技巧

（一）增强自信

笔试怯场大多是缺乏自信所致。应聘者应对自己进行正确评估，克服自卑心理，增强自信心。应聘者在考试过程中，不要受到同考场内其他人的影响（如有人提前交卷等），而要注意调节自己的心理；不要紧张、慌张，而要相信自己一定能够答好试题。

（二）科学答卷

（1）浏览全卷。应聘者拿到试卷后，首先要将试卷浏览一遍，大致了解试题的题量和难易程度，以便掌握答题的速度。

（2）先易后难。根据先易后难的原则安排答题的顺序。先解答相对简单的题，后解答难题。这样就不会因攻克难题而浪费太多时间，从而失去做简单的题的机会。

（3）精心审题。笔试时应逐字逐句地审题，弄清题目要求，然后按要求答题。对于论述题或作文题，落笔更要慎重，切不可下笔千言、离题万里。

（4）把握主次。答题时一定要分清主次、轻重，将主要精力和时间放在重点题目和重点内容上，而不要反其道而行之，否则笔试成绩必然会受到影响。

（5）融会贯通。笔试试卷中的论述题和应用题，用于考查应聘者运用所学知识分析问题、解决问题的能力，所以应聘者在答题时要积极思考，广泛联想，将已学过的知识与题目信息联系起来，灵活答题。

（6）字迹工整。值得特别注意的是，应聘者必须确保字迹清晰、卷面整洁。因为招聘单位往往通过卷面联想应聘者的思想、品质、作风等。字迹潦草、卷面不整的人，通常被认为对该考试不重视或工作态度可能会不端正；而那些字迹端正、答题一丝不苟的人，通常会被认为态度认真，做事细致，进而被招聘单位青睐。

典型实例

试题的秘密

在某大型建筑公司的招聘现场，有几位毕业生顺利通过了多轮筛选。现在，他们正面临着最后的考验——参加一场时长 10 分钟的考试，通过者可进入这家大型建筑公司工作。

试卷共 30 题，考查范围广而题量大，这完全出乎大家的意料，这么多题，10 分钟时间根本不够。许多人一拿到试卷便半秒也不敢耽搁地慌忙答题，全然不顾监考人员的忠告：“请大家先将试卷浏览一遍再答题。”

试卷在 10 分钟后收齐上交，由人事经理亲自批阅。人事经理挑出了 5 份试卷。这 5 份试卷的卷面有一个共同特点，即 1～28 题全部未做，仅回答了最后两道题，而其他试卷的答题情况要好很多，做了不少题，最多的做了 12 道题。这家公司最后录用了这

5个仅答了最后两道题的年轻人——原来秘密就藏在第28题中，它的内容是“前面各题均无须回答，只要求做好最后两题。”

（资料来源：生活日报数字报刊，http://shrb.qlwb.com.cn/shrb/content/20141016/ArticelT06004JQ.htm，有改动）

任务二　掌握面试技巧

面试是用人单位在规定的时间和空间内，通过与应聘者当面交流对其进行考核的一种招聘测试。在高校毕业生求职面试的实践中，往往有一些素质良好的毕业生因缺乏面试技巧而过不了面试这一关。因此，学习和掌握面试技巧，做好充分准备，对高校毕业生来说是非常重要的。

一、面试的形式

面试有很多种形式。在实际面试过程中，招聘单位可能只采取一种面试形式，也可能同时采用几种面试形式。根据面试内容、组织形式和面试要求的不同，面试大致可分为以下几种。

（一）个人面试

个人面试又称“单独面试”，是指面试考官与应聘者单独面谈的面试形式。这是最常见的一种面试形式。个人面试有一对一面试和主试团面试两种形式。顾名思义，一对一面试是指面试时只有一位面试考官的面试形式，多用于小规模招聘及针对普通职位员工的招聘。主试团面试是指由多位面试考官组成面试团队，面试团队每次轮流与一位应聘者交谈，以便从不同角度对应聘者进行考查，进而对其做出全面、客观的评价。

（二）小组面试

小组面试又称“同时面试”，是指面试考官同时对若干个应聘者进行面试的形式（见图4-2）。当应聘者较多时，面试考官将其分为若干小组，让各小组成员就一些问题展开讨论，面试考官在一旁就应聘者的领导能力、逻辑思维能力、语言表达能力、处理人际关系的能力、环境控制能力等进行观察、评价，以便选出合适的人才。

图4-2　小组面试

（三）结构式面试

结构化面试又称“标准化面试”，是指按照事先确定的面试程序、面试试题和面试评分标准进行面试的一种形式。结构化面试是相对于传统的经验型面试而言的，具有程序结构化、题目结构化和评分结构化的特点。

在结构化面试中，面试考官根据事先拟定的面试提纲对应聘者进行测试，不能随意变动提纲内容，对面试各个要素的评判，也必须按照事先拟定的评价标准进行。在结构化面试中，面试的程序、内容及评分方式等的标准化程度都比较高，这使得面试结构严谨、层次清晰，面试操作比较方便，面试结果也相对客观、公平、有效。

拓展阅读

某公司的结构化面试题

下列试题是用于考查灵活应变能力及工作态度的结构化面试试题。

（1）你为何要离开之前服务的那家公司？（可能是待遇、成长空间、人际氛围或其他方面的原因，待应聘者回答完毕后继续提问。）你跟你的主管或直接上司有没有沟通过以上问题？（若回答“没有”，则问其原因；若回答“有”，则问其过程和结果。）

（2）除了简历上的工作，你还关注过哪些领域的工作？有没有其他潜在的兴趣？是否考虑过从事其他职业？（若回答“有”，则提出下列问题。）你觉得这份职业跟你目前要从事的职业有哪些关系？（若回答“无”，则提出下列问题。）你是否觉得自己的知识面有些狭窄或兴趣比较贫乏？能否说说未来的改善计划？

（3）你在选择工作时最看重的是什么？（可能是成长空间、培训机会、发展平台、薪酬等，若薪酬不排在第一，则提出下列问题。）可否说说你在薪酬方面的期望值？（待应聘者回答完毕后继续提问。）你刚才的话是否可以这样理解：薪酬水平可以适当低于你的期望值？（若应聘者在薪酬方面不让步，则提出下列问题。）有人说“挣未来比挣钱更为重要”，你怎样理解？

（4）你觉得以前在担任类似职务时，有哪些方面做得不够好？（若回答“有”，则提出下列问题。）你打算在以后的工作中采取哪些改善措施？（待应聘者回答完毕后继续提问。）请再想一想，如果到我们公司来任职，你还有没有其他改善措施？（若回答“无”，则提出下列问题。）你好像不太想追求卓越，你认为自己能胜任我们提供的这份工作吗？

（5）你认为《致加西亚的信》中，罗文和推荐罗文的加西亚将军，哪一个对企业更为重要？（若回答“罗文”，则提出下列问题。）你不认为现在的企业面临着“千里马常有，而伯乐不常有”的状态吗？（若回答“加西亚将军”或两者兼有，则问其理由。）

（资料来源：豆丁网，https://www.docin.com/p-1092927725.html）

（四）非结构式面试

非结构化面试是指事先没有拟定面试的框架结构，也不使用有确定答案的提问，而根据具体情况灵活提问的一种面试方式。这种面试不拘泥于场合和时间，十分灵活，简单易行。在非结构化面试过程中，面试考官会与应聘者自由地交谈，双方可以各抒己见，气氛轻松活跃（见图 4-3）。面试考官通过观察应聘者的谈吐、举止、气质、风度等，对其综合素质进行全方位的考查。

图 4-3 面试

（五）压力式面试

压力式面试是指面试考官有意制造紧张气氛，用穷追不舍的方式对某一主题内容进行提问，以了解应聘者如何应对工作压力的一种面试方式。在这种面试中，面试考官故意提出犀利的问题而使应聘者感受到压力，并针对某一事项“打破砂锅问到底”，直至应聘者无法回答。其目的是测评应聘者对压力的承受能力，以及在面对压力时的应变能力和人际关系处理能力。压力式面试要求应聘者具有敏捷的思维、稳定的情绪和良好的控制力。这种面试方式常用于测评高级管理人员。

（六）情景式面试

情景式面试是指设置一定的模拟情景，要求应聘者扮演某种角色，进入设定情景并处理各种事务或问题，面试考官根据应聘者在情景中分析问题、解决问题的表现来测评其素质潜能，进而判断其是否能适应或胜任某项工作。

情景式面试

典型实例

某百货公司的情景化面试

某百货公司要聘请一位总经理，招聘者给 3 位候选的应聘者播放了这样一段录像：上午 9 时 30 分，某百货商场走进一位高个子小伙子，他掏出 100 元，买了一支 8 元钱的牙膏。上午 10 时整，进来一位矮个子小伙子，也要买一支牙膏，他掏出 10 元钱递给售货员，售货员找钱时，他却说自己给的是一张百元钞票，双方为此起了争执。商场总经理走过来询问情况，矮个子小伙子提高嗓门说："我想起来了，我的纸币上有'2888'四个数字。"售货员在收银柜中寻找，果真找到了这样一张百元钞票。到此，录像结束。招聘者向应聘者提问："假如你是总经理，明知矮个子小伙子有欺诈行为，你会如何应对？"

第一位应聘者回答："首先向顾客道歉，然后当众批评售货员，并如数找给小伙子 92 元。"

点评：这位应聘者的优点在于能够从公司大局出发，但其做法有向不法行为低头之嫌。

第二位应聘者回答："在小伙子耳边说：'哥儿们，我们有内部录像系统。'"

点评：这位应聘者犯了一个大忌，即职业经理人应以诚信为本，因为情景录像中的商场根本没有安装录像系统。

第三位应聘者回答："既然您没有支付 10 元钱，那么，收银柜内所有 10 元纸币上都不会有您的指纹。您能保证吗？"

点评：这位应聘者敏锐地抓住了欺诈者逻辑上的盲区，并当场予以揭穿。

上述情景面试旨在考查应聘者以下三个方面的素质：洞察力——对事件本质的把握；全局观——对"顾客至上"理念的理解；道义感——对社会上反诚信现象的态度。最后，第三位应聘者成功胜出。

（资料来源：世界经理人，
http://www.ceconlinebbs.com/FORUM_POST_900001_900130_895064_0.HTM）

（七）隐蔽式面试

隐蔽式面试是指面试考官主要通过暗中观察应聘者的言行举止来获取相关信息，进而对应聘者做出评价。这种方式具有隐蔽性，面试考官可以了解应聘者在自然状态下的真实表现。应聘者常常因这种面试的隐蔽性而放松警惕，有时甚至面试失败了也懵然不知。

修身笃行

细微之处见机遇

小李是河北省某高校企业管理专业的毕业生，他只身前往深圳求职。当求职四处碰壁的时候，小李在广告信息栏得知南方化工厂招聘库料总管的信息。于是，他抱着试试看的心态前去应聘。

小李赶到招聘现场，发现该化工厂的院子里早就来了一群应聘者。同时，小李看到院子里一片狼藉，地上散落着许多白纸。他弯下腰捡起一张，发现是洁白的、质地很好的复印纸，又捡起一张，依然是复印纸。多么可惜呀！小李禁不住俯下身去一张一张地捡起来，一会儿工夫就捡了厚厚的一沓白纸。

这时，一个西装革履、胖胖的老头走上前拍拍小李的肩膀说：“小伙子，你是来应聘的吧？怎么不到招聘台去？”小李对老头说：“这工厂太浪费了，这么好的纸扔在地上任人踩踏，不知他们的老总是怎么管理的，这样浪费下去准有破产的那一天！”老头笑了，拉着小李的手说：“我是南方化工厂的总经理李海树。小伙子，你通过面试了，我相信你会成为一名出色的库料总管！”

点评：考场虽然有形，但考查却常常无形，且无处不在。一些容易被大多数毕业生忽略的细微之处，更能真实地体现一个人的内在精神和综合素质。有些毕业生非常重视正规面试前的各项准备，这是人之常情，但如果只注重在“有形考场”上的表现，而忽视“无形”的考查，恐怕面试失败了也不知道其原因所在。

（资料来源：道客巴巴，https://www.doc88.com/p-615600025989.html，有改动）

（八）综合式面试

综合式面试是指面试考官通过多种方式考查应聘者的综合能力和素质。例如，面试考官用外语与应聘者交谈，要求应聘者即时作文、即席演讲或操作计算机等，以考查其外语水平、文字能力、书面及口头表达能力、实操能力等。

典型实例

失败的电话面试

毕业生小周向一家医药公司投送了简历，应聘职位是客户服务代表。该公司招聘者在问了几个简单问题后，微笑着对小周说：“你的条件非常适合这份工作，公司会尽快通知你参加复试。”

回到学校，小周正在吃饭，突然手机响了。“喂，谁啊？”小周放下筷子开口问道。“您好！请问是舒兰吗？”电话的另一端传来温柔的声音。“你打错了！”小周没好气地回答。“那您是谁呢？”对方接着问。小周心想，真是太讨厌了，打错了还纠缠不休，于是生气地说：“我姓周。你这人是不是有毛病啊，明知打错了还问！”“噢，是小周吗？对不起，我打错了。”

3 天后，那家医药公司还没通知小周去复试，于是小周打电话给医药公司询问情况。该公司的招聘者说：“我们已经通过电话面试过你了，你已经被淘汰了。客户服务代表要善于倾听，有耐心，有礼貌，这样才能和客户进一步交流，更好地为客户服务。”这时，小周才如梦初醒，怪不得先前“打错”电话的那个人知道自己的名字呢！就这样，一次再简单不过的面试，小周却以失败告终。

点评：小周“电话面试”的失败教训告诉我们，招聘面试的形式是多种多样的，无论面试采用哪种形式，都是对应聘者已具备的综合素质或专业技能的检测，应聘者只有注重平时的知识积累和素质培养，才能从容应对各种检验。

（资料来源：道客巴巴，http://www.doc88.com/p-2019723554411.html）

（九）无领导小组讨论

无领导小组讨论又称“无领导小组测试”，是一种测评技术。所谓“无领导小组”，是指在小组讨论的过程中，组织者不会为该小组指定领导人，而是让大家自由发言（见图 4-4）。这种面试用于考查应聘者的个人能力和团队合作能力，因此，应聘者要把握好个人表现与小组表现的平衡，切忌以自我为中心。

无领导小组面试模拟

图 4-4　无领导小组讨论

在具体操作过程中，通常将一些应聘者组成一个小组，然后让他们就某个问题进行时长 1 小时左右的讨论。面试考官会在讨论之前，向该小组介绍需要讨论的问题、所要达到的目标及总体的时间限制，接下来就让这一小组的应聘者自行讨论。面试考官不参与讨论过程，甚至也不在现场进行观察，而是通过不易被应聘者觉察的玻璃墙或者利用视频对讨论过程进行观察，然后对应聘者在相关方面的表现进行评价。

无领导小组讨论中，需要应聘者讨论的问题通常包括以下几类。

（1）开放式问题。开放式问题是一种没有固定答案的问题，答案的范围可以很广。例如，“你认为什么样的领导是好领导？”“怎样才能提高下属的工作积极性？”这种问题主要考查应聘者思考问题的全面性、针对性、创新性等。

（2）两难性问题。两难性问题就是让应聘者在两种互有利弊的答案中选择一种。例如，“你认为重视工作的领导是好领导，还是重视员工的领导是好领导？”这种问题主要考查应聘者的分析能力、语言表达能力、说服力等。

（3）多项选择问题。多项选择问题就是让应聘者在多种备选答案中选择有效的几种，或者按照重要性对备选答案进行排序。这类题目主要考查应聘者分析问题及抓住问题本质的能力，可用于评价应聘者的能力、价值观及人格特点等。

拓展阅读

多项选择问题的小组讨论

设想各位应聘者是科学考察队的队员，考察队原打算在原始森林进行科学考察，一个月后返回。现在，科考队员在考察过程中遇到地震，与外界失去联系，只能靠自己想办法走出原始森林。在撤退过程中，每个人必须挑选一些重要物品，以便撤出原始森林。

下面有 13 种物品，为了确保安全撤离，小队成员的任务就是按重要程度对这些物品进行重新排序，把第一重要的物品放在第一位，第二重要的物品放在第二位，以此类推，最不重要的物品放在最后。

这些物品为汽油打火机、压缩饼干、救生绳、锋利的砍刀、便携式取暖器、小口径手枪、一罐奶粉、两个 100 毫升的汽油瓶、地图、磁质指南针、5 升白酒、急救箱和太阳能发动机。

请小组成员讨论，每人用 5 分钟时间列出自己的排列顺序并说明理由。

（资料来源：新浪网，http://hebei.sina.com.cn/edu/zhjy/2012-10-31/40934.html）。

（4）操作性问题。操作性问题就是给应聘者提供一些材料、工具或者道具，让应聘者利用它们设计出一个或一些特定作品。这种题目主要考查应聘者参与协作的积极性和主动性，以及在操作性任务中的合作能力和角色承担能力。

（5）资源争夺性问题。资源争夺性问题适用于指定角色的无领导小组讨论，其基本操作是让处于同等地位的应聘者就有限的资源进行分配，以考查应聘者分析问题的能力、逻辑思维能力、语言表达能力、辩论和说服他人的能力及反应的灵活性等。例如，让应聘者担任部门经理，让他们就有限数量的资金进行分配，在这一过程中，每个人想要获得更多的资金支持，就必须有理有据地说服他人。

通过无领导小组讨论，面试考官可以考查应聘者的组织协调能力、口头表达能力、说服能力、领导能力、人际交往能力，以及自信进取程度、情绪稳定性、反应灵活性等个性特点。

二、面试的内容

面试内容又称“测评项目”或“测评要素”，是指面试时测评的应聘者的各项素质。面试的主要内容如下。

（一）基本素质

面试时的基本着装礼仪

1. 仪表风度

仪表风度是指应聘者的体型、外貌、衣着举止、精神状态等。研究表明，仪表端庄、衣着整洁、举止文明的人，一般做事有规律、注意自我约束、责任心强。应聘者参与面试时，应该注意着装得体，举止文雅、大方，回答问题要认真、诚实。

2. 求职动机

求职动机是指应聘者为何前来应聘，对应聘职位的哪一方面最感兴趣及在工作中追求什么等。在面试过程中，招聘单位常通过考查应聘者的求职动机来判断应聘者的求职期望与单位所能提供的职位或工作条件等的匹配度。

3. 工作态度

工作态度既包括应聘者过去对学习、工作的态度，也包括其对应聘职位的态度。招聘单位通常认为，在过去的学习或工作中态度不认真的人，在新的工作岗位上也很难做到勤勤恳恳、认真负责。

4. 进取精神

进取精神是指一种积极向上的、立志有所作为的精神状态。有上进心、进取心强的人，一般都有明确的奋斗目标并为之努力奋斗，主要表现为工作的主动性强，努力做好现有工作的同时不断追求更高的目标。无上进心、进取心不强的人，一般都安于现状，无所事事，不求有功，只求能敷衍了事。

5. 自控能力

自控能力可以理解为抵御外界诱惑及控制自身行为习惯的一种能力。自控能力较强的人，在受到上级批评或指责时，承受较大工作压力时或个人利益受到损害时，能够克制不良情绪，理智地对待相关人员或事务，不致因情绪波动而影响工作；反之，自控能力较差的人通常不能很好地控制自己的情绪及言行。

（二）相关能力

1. 口头表达能力

口头表达能力是指将自己的思想、观点、意见或建议用语言表达出来的能力。在面试过程中，对口头表达能力的考查主要体现为测评应聘者语言表达的逻辑性、准确性、感染力、音质、音色、音量、音调等方面。

2. 综合分析能力

在面试过程中，对综合分析能力的考查主要体现为测评应聘者透过现象抓住本质、透彻地分析问题、有条理地阐述理由及提出合理的解决方案等方面的能力。

3. 灵活应变能力

在面试过程中，对灵活应变能力的考查主要体现为测评应聘者理解面试问题的准确性，回答问题的迅速性和准确性，应对突发问题的灵活性，以及应对意外情况的合理性等。

典型实例

机智的业务员

一家合资企业到某高校招聘3名化妆品销售方面的业务员。该公司的化妆品在市场上很有名气。该公司承诺，业务员除了有较高的底薪外，还有一定比例的销售奖。

当时，许多毕业生都尝试应聘这一职位。在众多应聘者中，有一个长得不算太漂亮、脸上有些雀斑的女生。经初步面试，该女生和另外4个应聘者一起进入了复试。

复试采用的是场景模拟演示法，即让应聘者扮演业务员，主考官扮演客户。“业务员”按常规向“客户”介绍产品之后，有个“客户”突然问：“你说这个化妆品很好，有祛斑养颜的作用，那你脸上为什么还有这么多雀斑？”脸上有雀斑的那个“业务员”听了之后，先是一愣，接着笑了笑，说：“女士，您不知道，以前我脸上的雀斑比现在还要多，就是用了这个化妆品之后，雀斑才变得这么少的。”“客户”听后满意地笑了，高兴地对这个“业务员”说：“不错，你很有勇气，很会说话，非常适合干这一行。”因此，那个脸上有雀斑的女生被录用了。

（资料来源：道客巴巴，http://www.doc88.com/p-9089391262203.html）

4. 人际交往能力

在面试过程中，对人际交往能力的考查主要体现为让应聘者在模拟的社交情景中扮演各种角色，测评其人际交往倾向和与人相处的能力。

（三）职业匹配度

1. 个性特征

个性并无好坏之分，但个性特征与职业类型的匹配度会对职业发展产生重要影响。霍兰德人职匹配理论认为，人的人格类型、兴趣与职业密切相关，每个人都有自己独特的行为模式和人格特征，每个人都可以找到适合自己的职业，个人的人格特征、兴趣与职业相匹配时，可以调动工作热情、激发潜力，并提高工作满意度。因此，在面试过程中，招聘单位通常会对应聘者的个性特征进行测评，以了解其人格类型，判断其人格类型与应聘职位的匹配度。

2. 专业知识

若招聘职位的专业性较强，那么在面试过程中，面试考官往往会向应聘者提一些专业方面的问题，以了解应聘者所掌握专业知识的深度和广度，测评其专业能力和技能水平是否符合任职要求。

3. 实践经验

在面试过程中，面试考官通常会根据应聘者的实践经历或工作经历提问，以核查应聘者简历信息的真实性，进一步了解应聘者的实践经历及其所获得的相关经验等。

4. 兴趣爱好

在面试过程中，面试考官可能通过询问应聘者在闲暇时间所参与的活动、阅读的书籍、观看的电影等，来了解应聘者的兴趣爱好，以便更加全面地了解应聘者的综合素养和能力。

课堂讨论

关于面试考核的内容，你认为自己还存在哪些不足之处？你将如何弥补自身不足，提升自身素质？

三、面试前的准备

（一）了解招聘单位

毕业生在前往招聘单位面试之前，可通过网站、杂志、报纸、新闻媒体的报道及招聘单位的内部宣传资料等渠道来了解招聘单位，具体内容包括招聘单位的性质、规模、特色、组织机构、经济状况、发展前景和信誉状况，招聘职位的性质、工作内容、主要职责和任职要求，以及工作时间、薪酬福利、员工培训等。应聘者若事先对这些情况一无所知或知之甚少，则在面试时容易处于被动地位，也容易给招聘单位留下不良印象，从而影响面试成绩。

典型实例

“你可以走了！”

身为某外资企业市场总监的李先生对多年前大学毕业时的第一次面试记忆犹新。

当时的就业压力并不大，李先生在面试前做了充足的准备。无论是求职信、个人简历，还是自己的着装，都请教过很多人，可以说准备工作做得相当完美。与此同时，李先生做了充分的心理调适，所以心理上很放松。

面试的时候，无论是实践经历还是所掌握的技能，李先生都令主考官非常满意。40 分钟的面试马上就接近尾声了，主考官突然问：“李先生，我看您事先做了很充分的准备，说明您对我们公司和这份工作很重视。那您知道我们公司是干什么的吗？”李先生一下子蒙了，心想：“对呀，具体干什么的我还真没注意过！”过了半晌，李先生一脸尴尬地说：“对不起，这一点我还没来得及关注……”主考官手一挥，说道：“好了，李先生，您可以走了。”

点评：李先生的面试经历告诉我们，面试之前，应聘者不仅要总结自己各方面的情况，还要了解招聘单位的基本情况，因为知己知彼才能百战不殆。

（资料来源：原创力文档，https://max.book118.com/html/2015/0810/23046194.shtm）

面试技巧

（二）认真准备材料

毕业生参加面试之前应准备好求职信、个人简历、成绩单及有关证书（原件和复印件）等材料。如果到外资企业应聘，则最好采取中英文对照的形式制作求职信、个人简历等材料。即使已向招聘单位发送过电子求职材料，面试时也应再带上一份纸质求职材料，以便招聘者查看。

（三）开展面试训练

大学毕业生普遍缺乏面试经验，所以在面试前有必要进行一些面试技巧训练，包括学习聆听、锻炼答题思维、学习沉着应对、学习有条理地答题、学习合理地着装、练习礼仪举止等。毕业生可以通过参加学校组织的就业指导课或讲座、阅读面试方面的书籍、模拟面试等方式进行训练。

（四）准备自我介绍

自我介绍的时长一般为 3 分钟，有的招聘单位规定自我介绍的时长为 1 分钟。在如此短的时间内，毕业生应如何“秀”出自己？应当注意哪些问题呢？

如果用人单位没有明确规定自我介绍的时长，则一般以 3 分钟为宜。在自我介绍过程中，每一分钟谈一项内容，时间分配如下：第一分钟谈个人基本情况；第二分钟谈工作经历，对于应届毕业生而言，可谈相关的社会实践；第三分钟可谈对职业理想和对本行业的看法。

自我介绍是向面试考官推荐自己的一次宝贵机会，应聘者千万不要浪费这个机会。合理地安排自我介绍的时长，并突出重点内容，才能取得良好的面试效果。下面是某应届毕业生在面试中的自我介绍，可供应聘者参考。

典型实例

三分钟自我介绍

各位老师，早上好！非常荣幸能参加这次面试，我叫赵茜，应聘的职位是文秘。我来自美丽的海滨城市厦门，今年 24 岁，是湖南大学汉语言文学专业本科的应届毕业生。

我在闽南长大，我与闽南大多数人一样，具有活泼开朗的性格和“爱拼才会赢”的打拼精神。在校期间，我刻苦学习，分别获得 2015—2016 年度二等奖学金，2016—2017 年度和 2017—2018 年度三等奖学金。

除了刻苦学习之外，我还积极参加各种社会实践活动。我曾担任班级的宣传委员，多次组织班级和学院的公益活动，如青年志愿者助残活动、向孤儿院儿童献爱心活动等。通过组织这些活动及在活动中与其他成员相处，我学到了很多东西，锻炼了自己的组织能力和人际关系处理能力，为顺利地走向社会做了良好的铺垫。

此外，计算机和篮球是我的业余爱好。通过学习，我获得了全国计算机等级二级证书；除了熟悉日常电脑操作和维护外，我还自学了网站设计，并为自己设计了个人主页；我是班级的篮球队主力，我觉得打篮球不仅可以强身健体，还可以培养一个人的团队精神。

回顾自己大学四年的学习和生活，我感触很深，收获颇丰。大学期间，我系统地掌握了专业知识，培养了自己各方面的能力，这些为我走上工作岗位奠定了良好基础。

除此之外，我清楚自己的一些缺点，如有时候做事情比较急于求成，在工作中实际经验不足等。“金无足赤，人无完人”，每个人都不可避免地存在这样或那样的缺点，但有缺点并不可怕，关键是如何看待自己的缺点，只有正视它的存在，不断完善自己，才能克服自己的缺点。

今后，我将更加严格要求自己，努力工作，刻苦学习，发扬优点，克服缺点，开拓进取。这次，我之所以选择文秘这个职位，除了因为专业对口以外，还因为自己的个性特征与文秘职位比较匹配，相信这个职位能让我充分实现职业理想和自身价值。我认为，我有信心也有能力做好这份工作，希望各位面试考官能够认可我，给我展示才能的机会。

自我介绍完毕，谢谢！

人力资源专家指出，自我介绍可以事前自行准备，也可以事前找朋友练习，但自我介绍应使用灵活的口头语，而避免用书面语言。如果以背诵或朗读的口吻介绍自己，会显得生硬、缺乏情感，是非常不妥当的。

（五）调整面试状态

1．调整心情

在参加面试之前，毕业生一定要适当放松，调节自己的生活规律，保证充足的休息时间，确保以饱满的精神状态面对面试考官。

2．整理物品

准备好面试的服装、皮鞋、公文包、笔、记事本等物品。面试时穿上得体的服装能让应聘者显得专业而干练；公文包应看起来典雅大方、大小适宜，应能平整地存放 A4 纸大小的文件；记事本可用于记录面试的时间、招聘单位的名称、面试地址、联系人和联系方式，还可用于记录面试提问或跟进面试情况等。此外，还应准备好身份证、个人登记照等。

3．准时到达

参加面试时，毕业生最好提前 10 分钟到达面试地点，绝对不可以迟到。如果有意外情况，最好能够在面试前通知招聘单位，告知自己不能准时到达面试地点的原因。到达招聘单位后，应礼貌对待接待人员，按照接待人员的指示在规定的地方等候面试，不可随意走动。

4．准备答题

准备答题主要包含两个方面：一是思考如何回答的面试考官的提问；二是思考自己将向面试考官提出哪些问题。面试前，对于面试过程中面试考官可能提出的问题，一定要做好充分的答题准备。为了能顺利闯过面试这一关，毕业生应了解一些常见的面试试题，这些试题主要包括以下几类：① 政治类试题，用于考查应聘者的政治见解及判断是非的能力；② 公文类试题，用于考查应聘者的公文写作能力；③ 技能类试题，用于考查应聘者的实践操作能力；④ 综合类试题，用于考查应聘者的综合素质；⑤ 心理类试题，用于考查应聘者的心理素质和应变能力。

拓展阅读

15个经典面试问题及其答题思路

问题1：请你自我介绍一下。

思路：

（1）介绍内容要与个人简历一致。

（2）语言表达尽量口语化。

（3）要切中要害，不谈无关、无用的内容。

（4）条理要清晰，层次要分明。

（5）最好事先以文字的形式写好并背熟。

问题2：谈谈你的家庭情况。

思路：

（1）简单地介绍家庭成员。

（2）宜强调温馨和睦的家庭氛围。

（3）宜强调父母对自己教育的重视。

（4）宜强调各位家庭成员的良好状况。

（5）宜强调家庭成员对自己工作的支持。

（6）宜强调自己对家庭的责任感。

问题3：你有什么业余爱好？

思路：

（1）最好不要说自己没有业余爱好。

（2）不要说自己有庸俗的、令人感觉不好的爱好。

（3）最好不要说自己的爱好仅限于读书、听音乐、上网等享乐活动。

（4）最好能列举一些户外的业余爱好，为自己塑造充满活力的青春形象。

问题4：你最崇拜谁？

思路：

（1）不宜说自己谁都不崇拜。

（2）不宜说崇拜自己。

（3）不宜说崇拜一个虚幻的或是不知名的人。

（4）不宜说崇拜一个明显具有负面形象的人。

（5）所崇拜的人最好与自己所应聘的职位能搭上关系。

（6）最好说出自己所崇拜的人的哪些品质、哪些思想影响着自己。

问题5：你的座右铭是什么？

思路：

（1）不宜说那些易引起不好联想的座右铭。

（2）不宜说那些太抽象的座右铭。

（3）不宜说太长的座右铭。

（4）座右铭最好能反映出自己的某种优秀品质。

（5）参考答案：“只为成功找方法，不为失败找借口。”

问题 6：谈谈你的缺点。

思路：

（1）不宜说自己没缺点。

（2）不宜把那些明显的优点说成缺点。

（3）不宜说出会对胜任应聘职位产生严重影响的缺点。

（4）不宜说出令人不放心、不舒服的缺点。

（5）可以说出一些对于胜任应聘职位无关紧要的缺点，甚至是一些表面上看起来是缺点，但从工作的角度看却是优点的缺点。

问题 7：谈一谈你的一次失败经历。

思路：

（1）不宜说自己没有失败的经历。

（2）不宜把那些明显的成功说成失败。

（3）不宜说出会对胜任应聘职位产生严重影响的失败经历。

（4）所谈经历的结果应是失败的。

（5）宜说明失败之前自己曾信心百倍、尽心尽力。

（6）宜说明失败主要是客观因素导致的。

（7）说明失败后自己很快振作起来，吸取经验教训，以更加饱满的热情面对以后的工作。

问题 8：你为什么选择我们公司？

思路：

（1）建议从行业、企业和职位这三个角度来回答。

（2）参考答案：“我十分看好贵公司所在的行业，我认为贵公司十分重视人才，而且这项工作很适合我，相信自己一定能做好。”

问题 9：对这项工作，你有哪些可预见的困难？

思路：

（1）不宜直接说出具体的困难，否则可能令面试考官怀疑应聘者能力不足。

（2）可以尝试迂回战术，说出面对困难所持有的态度。例如：“工作中出现一些困难是正常的，也是难免的，但是只要有坚忍不拔的毅力、良好的合作精神和事前周密而充分的准备，任何困难都是可以克服的。”

问题 10：如果我录用你，你将怎样开展工作？

思路：

（1）如果应聘者对应聘职位缺乏足够的了解，则最好不要直接说出自己开展工作的具体办法。

（2）可以尝试采用迂回战术来回答。例如：“首先听取领导的指示和要求，然后了解和熟悉相关情况，接下来制订一份近期的工作计划并报领导批准，最后根据计划开展工作。”

问题 11：与上级意见不一致时，你将怎么办？

思路：

（1）一般可以这样回答："我会向上级做必要的解释，在这种情况下，我会服从上级的指示。"

（2）如果面试考官是总经理，而自己所应聘职位的工作由一位部门经理负责管理，且这位经理当时不在场，则可以这样回答："对于非原则性问题，我会服从上级的意见，对于涉及公司利益的重大问题，我希望能向更高层领导反映。"

问题 12：我们为什么要录用你？

思路：

（1）最好站在用人单位的角度来回答。

（2）参考答案："我符合贵公司的招聘要求，具有高度责任感，熟练掌握相应技能，并具有良好的适应能力和学习能力，完全能胜任这份工作。我十分希望能为贵公司服务，如果贵公司给我这个机会，我一定能成为贵公司的栋梁！"

问题 13：你能为我们做什么？

思路：

（1）基本原则是"投其所好"。

（2）回答这个问题前最好能"先发制人"，可反问用人单位期待这个职位所能发挥的作用。

（3）可以根据自己了解的职位信息，结合自己在专业领域的优势来回答。

问题 14：你是应届毕业生，缺乏经验，如何能胜任这项工作？

思路：

（1）如果用人单位对应届毕业生提出这个问题，说明他们并不是真正在乎"经验"，关键是看应聘的毕业生怎样回答。

（2）回答这个问题时最好要表现出诚恳、机智、果敢及敬业等特性。

（3）参考答案："作为应届毕业生，我在工作经验方面的确会有所欠缺，因此在读书期间我一直利用各种机会在这个行业里做兼职。我发现，实际工作远比理论知识复杂，但我有较强的责任心、适应能力和学习能力，而且比较勤奋，所以在兼职中均能圆满地完成各项工作，从中获取的经验也令我受益匪浅。请贵公司放心，学校所学的知识及兼职所获得的工作经验一定能让我胜任这个职位。"

问题 15：你希望与什么样的上级共事？

思路：

（1）最好回避对上级的具体希望，多谈对自己的要求。

（2）参考答案："作为刚步入社会的新人，我应该要求自己尽快熟悉环境、适应环境，而不应该对环境、对他人提出什么要求，只要能发挥我的专长就可以了。"

（资料来源：搜狐网，http://www.sohu.com/a/319128530_751687）

四、面试中的技巧

（一）要谦虚谨慎

在面试过程中，毕业生在回答一些比较有深度的问题时应谦虚谨慎，切不可不懂装懂。对于不明白的地方应虚心请教或坦白说“不懂”，这样才会给面试考官留下诚实的好印象。

面试时如何展示自己

（二）要机智应变

在面试过程中，毕业生可能会遇到这样的情况：未听清面试考官的提问，听清了问题但自己一时不能作答，回答问题时出现错误等。这些情况都可能使应聘的毕业生处于尴尬的境地。避免尴尬的技巧如下：对于未听清的问题，可以请求面试考官重复一遍或解释一下；对于一时不能作答的问题，可以请求面试考官接着问下一个问题，等自己考虑成熟后再回答先前的那个问题；偶然出现错误时，不必耿耿于怀，而应冷静、沉着，理顺思路，继续答题。

（三）要扬长避短

毕业生应当清楚地认识这一点：每个人都有自己的长处和不足，无论是在性格上还是在专业上都是如此。所以，在面试过程中，一定要注意扬己所长、避己所短，必要时可以婉转地说明自己的长处和不足，并采用相应的方法弥补自身的不足。

（四）要展示潜能

面试的时间通常很短，毕业生不可能在短时间内展示自己的全部才华，因此，要抓住一切时机，巧妙地展示潜能。需要注意的是，展示潜能时要实事求是、简短、自然、巧妙，否则会弄巧成拙。

任务三　谨防求职陷阱

大学生求职的道路上充满了成功的机会和希望，同样也潜藏着许多的陷阱（见图 4-5）和骗局。刚刚离开校园的大学毕业生社会阅历尚浅，很容易被各种各样的假象所蒙骗。

图 4-5　求职陷阱

一、大学生常见的求职陷阱

谨防求职陷阱

（一）树上开花

树上开花是指树上本来没有花，但借用假花点缀在树上，让人难辨真假。这种求职陷阱一般有以下三种情况：① 一些企业为了提高知名度或者达到其他目的，大张旗鼓地通过发布招聘信息来打广告，声称要招聘“高级主管一名”“业务经理一名”，并承诺“待遇优厚”等，吸引众多应聘者；② 一些面临倒闭的企业为了躲避债权人而发布虚假的招聘信息，给人一种不断发展壮大的错觉，以掩盖财务危机；③ 一些企业利用高薪信息吸引大众的注意，进而实现炒作的效果。毕业生在求职的过程中，遇到这些情况不要信以为真，而应该多方考证后再做决定。

（二）偷梁换柱

在招聘实践中，大多数应聘者不愿意竞聘任务繁重、薪水较低的职位或某些基层职位，这一现象给许多用人单位带来招聘难题。为了解决这一难题，一些企业就以招聘市场总监、财务分析员等为名义面向社会招聘。应聘者正式上岗后才发现，“市场总监”的实际工作内容是拉业务，“财务分析员”的实际工作内容是推销保险，工作内容与职位职责不相符。

典型实例

小余的遭遇

小余到武汉某家具公司竞聘“销售助理兼内务”职位，在笔试、面试均合格后，小余被录用并被通知到岗上班。双方经协商达成一致：试用期 3 个月，月薪 3 000 元，试用期结束后月薪 4 500 元，主要负责内勤工作。小余到岗上班后，该公司却以小余不熟悉公司内部事务为由，将其派做业务员试用 3 个月，无底薪，只有提成。同时，小余被告知，如果 3 个月内业绩不合格，将被继续当作试用人员使用。

（三）金蝉脱壳

图 4-6　骗取应聘者的钱财

一些非法机构或违法分子在某个地方临时租用一间办公室，然后到处发布虚假招聘信息。待应聘者前来面试时，再以收取报名费、押金、服装费、培训费、办证费等为借口，非法收取应聘者的钱财，然后告知应聘者几天后正式上班。然而，应聘者前来报到时通常会发现已经人去楼空。还有一些非法中介，利用人们求职心切的心理，以介绍工作为由向求职者收取高昂的中介费（见图 4-6），结果求职者交了钱之后中介便消失不见。

典型实例

中介的小伎俩

张某在一家职业中介所的信息栏上看见某公司招聘文员的启事，便前去咨询。该中介所“电话联系”了招聘公司后，告诉张某有职位空缺，她可以前去面试，但要缴纳200元中介费，并承诺如果这家公司不合适，可继续为她推荐工作，直至张某找到工作为止。面试后，该公司让张某回家等消息。两个星期后，张某被告知未被录用。她只好再次到中介所，要求中介所为其重新推荐工作。经过再次推荐，张某前去面试，又等待了半个月，得知又没有被录用。当张某第三次来到中介所时，中介所则告诉她没有新的空缺职位，让她继续等待。后来，张某再次去中介所时，发现中介所已经不知所终。

（资料来源：原创力文档，https://max.book118.com/html/2017/0129/87441196.shtm）

（四）浑水摸鱼

一些实力比较差的企业没有足够的财力聘请专业人员设计产品，而以招聘企划人员或设计人员为名，要求应聘者按照面试要求做一份方案或设计图，事后告知应聘者职位已经招满或作品不符合要求等。通过这种欺骗性手段，这些企业不需要支付高额的设计费用，就获得了众多应聘者的作品。高校毕业生在求职时一定要谨防这类公司浑水摸鱼，窃取自己的劳动成果。

（五）瞒天过海

这种求职陷阱通常有以下两种情况：① 企业即将启动大项目或试制新产品时，急需大批人才，而这些人才在项目完成或市场成熟后将完全失去作用，因此，一些企业通过大量招聘人才来保证人力资源供给，然后通过在试用期内以各种理由裁员的方式来减少开支；② 一些非法犯罪团伙利用高校毕业生求职心切的心理，打出“名企”招聘的招牌，以吸引毕业生加入，等到毕业生发现上当受骗时，想要逃脱已经非常困难了。因此，高校毕业生在求职时一定要增强法律意识和自我防范意识，用法律武器来保护自身的合法权益。

二、求职陷阱的预防与应对

大学生在求职过程中，一方面要培养勇往直前的精神，另一方面也要提高警惕，预防求职陷阱。

（一）心态平和，提高警惕

毕业生在求职的过程中应当保持平和的心态，不急躁，不轻浮，不虚荣，对待遇优厚但任职要求却很低的用人单位要特别加以防范，应充分了解其背景和运营情况，在不了解实情的情况下，万不可盲目地应聘。理性选择求职平台，可到当地公共就业和人才服务机构（如人力资源市场、人才交流中心等）求职；也可到各级人力资源和社会保障部门门推荐的诚信服务机构求职。

（二）多方了解，多加思考

毕业生在求职的过程中应充分利用网络资源、媒体资源及其他一切可利用的资源，多方面、多层次地了解用人单位的运营现状、规模、性质、信誉度等情况，防止用人单位利用招聘信息制造骗局。在接到招聘邀约后，及时上网核实相关信息，如到市场监管部门的官方网站查询该用人单位注册或者备案的情况，若查不到相关信息就说明该单位可能不存在。找到意向工作信息后，应和有一定社会阅历的亲友沟通情况，冷静听取他们的意见或相关建议。

（三）谨慎应聘，拒交费用

当发现用人单位有异常举动时，如安排的招聘地点非常隐蔽或只在夜间招聘等，应加倍小心，绝对不可贸然前去；应聘期间应与亲友、同学保持联系；应聘过程中，发现用人单位以各种理由收取押金、培训费等费用时，应当提高警惕，拖延时间暂缓缴费；此外，可以向用人单位的正式员工详细咨询该单位的管理制度、用人制度等，以确保就业安全。

（四）注意自身信息安全

一些居心叵测的用人单位利用求职者提供的个人信息开展一些违法活动。因此，大学毕业生在求职的过程中，应当特别注意保护自身的信息安全。一般情况下，应聘时不要填写过分详细的信息资料，如家庭详细地址、家人联系电话等；上交证件资料时要避免交出原件。

（五）及时寻求法律保护

毕业生在求职过程中发现上当受骗时，应及时向用人单位所在地的相关部门投诉或报案。若用人单位为合法机构或组织，则毕业生可以向人力资源和社会保障部门门投诉；若用人单位是无证无照经营的组织，则毕业生可以同时向市场监管部门、人力资源和社会保障部门门投诉；若受骗情况特别严重、被骗金额较大，或求职过程中人身安全受到威胁，则应立即向公安机关报案。

拓展阅读

境外就业时如何预防求职陷阱

随着经济全球化的深入发展，大学生毕业后到境外就业的情况越来越普遍，相应地，他们的合法权益受到侵害的事情也时有发生。那么，大学生境外就业应该如何防范求职陷阱呢？在此，对境外就业的毕业生提出两点建议。

（1）谨防非法中介机构的陷阱。无论是面对办理出国事宜的国内中介机构，还是面对国外中介机构，都应该仔细查看这些机构的资质证明。就业中介制造的陷阱主要有以下几种类型：① 就业中介机构以出境旅游签证和商务签证代替务工签证，致使出境就业者没有工作许可证，相当于“打黑工”；② 就业中介机构无照经营，损害出境就业者的合法权益；③ 就业中介机构无视任何限制性规定，收取高额中介费；④ 非法中介机构无视广告法和有关劳动保障法规的规定，乱发假广告，吹嘘境外就业能获得高额报酬。

（2）境外就业人员必须阅读两本书：一本是 2002 年 7 月 1 日国家正式实施的《境外就业中介管理规定》（以下简称《规定》）。该《规定》要求出境就业的中国公民必须与境外雇主直接签订劳动合同，并对境外就业中介机构的申办条件、程序、年审、注销、备用金等制度做了明确的规定，从而使中国境外就业人员的劳动权益得到了当地国家劳动法律和劳工部门的双重保障。另一本书是国家给出国就业者提供的《出国劳务必读》小册子。这本书的主要内容有劳务人员的出国信息来源、劳务出国的合法渠道、出国劳务应付的费用、劳务合同的主要内容及其他注意事项等。这两本书对境外就业者应该注意的问题和维护合法权益的方法都做了详细介绍。

（资料来源：大众网，http://www.dzwww.com/dazhongribao/dazhongzhoumo/200301310129.htm，有改动）

三、传销的常见骗术及应对

传销是指组织者或者经营者发展人员，通过要求被发展人员以交纳一定费用为条件取得加入资格等方式牟取非法利益，扰乱经济秩序，影响社会稳定的行为。

（一）传销的五大骗术

1. 制造“情感”假象

传销者通常最先从自己身边的亲人、朋友下手，即所谓的“杀熟”（见图 4-7）。他们先找各种理由诱骗亲友或他人前往某地；到车站接人之前，先把自己梳洗打扮一番，接站时主动帮助受骗者拿东西，嘘寒问暖，表现得热情、周到，以便给对方留下良好的印象；谈话时利用情感拉拢对方，绝口不提传销的事情。

什么是传销

图 4-7 传销中的“杀熟”现象

2. 灌输“暴富”理论

传销者通过讲课、培训等方式对受骗者进行洗脑，让受骗者产生改变自己现状的强烈愿望。传销者捏造各种所谓的“亲身经历”，将怕、懒、拖、面子等归结为阻碍成功的因素，宣扬读书无用论，灌输“速成”“暴富”理论，打出“你想成为百万富翁吗？赶快加入我们，下一个百万富翁就是你”等极具诱惑力的宣传语，蛊惑人心。

3. 以“直销”掩盖“传销”

对初入传销组织的受骗者，传销者会给其上很多的培训课，绝对不说自己是在搞传销，而说自己在开展合法的直销活动，以合法形式掩盖其非法目的。

拓展阅读

传销与直销的区别

传销与直销的区别大致有以下几点：

（1）进入门槛不同。传销要求加入者交纳入门费、培训费、资料费或购买产品；直销不要求加入者交入门费，也不强行要求加入者购买产品。

（2）收入来源不同。传销的收入来源于入门费、培训费、资料费或购买产品的费用；直销的收入来源于销售产品的利润与直销公司给予的酬金和奖金。

（3）销售形式不同。传销的销售形式主要是加入者之间相互转卖产品；直销的销售形式是单项销售产品。

（4）退货处理不同。传销不准退货或设置非常苛刻的退货条件；直销允许在合理的冷静期内退货。

（5）产品价格定价不同。传销从上线到下线层层加价，产品的最终价格高于市场价格；直销产品则是统一价格。

（6）报酬承诺不同。传销向加入者许诺给予高额回报；直销则直言要靠自己的勤奋努力、踏实肯干才能获得成功。

（7）宣传沟通不同。传销对加入者的报酬或商品质量、用途、产地做虚假宣传，诱人加入；直销则是以事实为依据，不夸大其词。

（8）人员培训机制不同。传销只注重励志性的观念培训；直销则注重产品知识、销售技能、客户管理、政策法规等方面的培训。

（资料来源：搜狐网，http://www.sohu.com/a/307439693_737060，有改动）

4. 开展“磨砺意志”培训

传销者组织的“磨砺意志”培训通常表现为以下形式：每天安排受骗者到市场捡菜，而且只能捡别人扔在地上的菜；休息时，男的睡地板，女的睡床铺，以激发受骗者大干一番事业的热情，即让受骗产生“吃烂菜根，做发财梦”“今天睡地板，明天当老板”的幻想。

5. 实施“三捧”法则

所谓的“三捧”法则，即捧“公司”、捧“上线”和捧“公司理念”，培养一种感恩的心态。传销者还按照“ABC”法则进行思想游说，即A带来B之后，A不能做B的思想工作，而是让C来对B进行思想灌输，A只负责吹嘘、神化C。

典型实例

大学生求职误入传销陷阱

武汉某高校大四学生小辉（化名）网上求职，没想到陷入传销陷阱，被骗走万元资金。

小辉是武汉某大学建筑专业学生，2012 年 2 月 5 日在网上看到某工程公司招聘施工员，便在线投送了个人简历。两天后，小辉收到该公司回复，被要求到河南洛阳参加面试，并承诺“如录用，工资4 000多元，报销卧铺车票”。2月11日，小辉乘火车赴洛阳。

对方派出两名工作人员将小辉带到洛阳市关琳镇八里堂村的一所民房，里面已住了 10 余人。第二天一早，一名工作人员通知小辉接受面试，并收走了他的手机。面试结束后，面试人员告诉小辉，公司是直销行业，主要销售某保健品，无论小辉是否愿意，都必须留下来接受 10 天的考察。此时，小辉才意识到陷入了传销陷阱。

第二天，“公司”开始派人给骗来的“新员工”上课，称加入“公司”须交纳3 000多元以购买产品，工作 22 个月可达到最高等级，每月收入 10 多万元。此后数天，“公司”对小辉盯得很紧，连上厕所都有人守着。上了 5 天课后，被传销者洗脑后晕乎乎的小辉，先后以自己和父母的名义买了 3 单产品，花费 1 万多元。

此后，“公司”派出两个人带着小辉到网吧发布虚假招聘信息，并向求职者的邮箱发面试通知。小辉说，网上很多建筑公司的招聘信息都是这些传销组织发布的，目的是骗新人进来，但新人来了之后根本没有所谓的工作，面临的却是一连串的“洗脑课”。通过与老成员的聊天，小辉得知，这家“公司”有近 5 000 人在网上发布虚假招聘信息，仅在武汉地区发布的虚假招聘信息就有 1 万多条。“小辉们”每天只吃两顿饭，每餐几个馒头、两大盘清水煮白菜，全屋 20 人共用。在传销窝点待了近一个月，小辉没洗过一次澡，暴瘦 10 余千克。

3月6日，该组织将小辉等10多人转移到湖南永州以“开辟”新市场。借此机会，小辉以探亲为由逃回武汉。

小辉逃出湖南永州传销地后，拨打某报新闻热线，希望有关部门严厉打击网络招聘骗局，并提醒大学生网上求职一定要警惕，特别是关于“建筑公司招聘”的虚假信息，要提防被传销所骗。

（资料来源：凤凰网，http://news.ifeng.com/gundong/detail_2012_03/31/13582809_0.shtml）

（二）预防大学生陷入传销组织的对策

1. 社会应承担相应责任

首先，政府应加大对传销的关注和打击力度，建立既有分工又相互协作的齐抓共管、上下联动的健全工作格局，并设立专门的传销活动举报通道，充分运用行政执法手段查处传销活动，对于涉嫌违法犯罪人员，交由司法机关依法惩处。

其次，充分发挥新闻媒体的作用，有针对性地在校园周边地区加大对传销危害的宣传力度，采取正面宣传与现身说法相结合的方法，以教育群众，警示社会。

大学生求职时应谨防传销陷阱

最后，严格立法，切实做到有法可依。现有的《禁止传销条例》对组织策划传销和“介绍、诱骗、胁迫他人参加传销”的传销骨干制定了相应的惩罚措施，但对于传销活动的参与者、盲从者和变相帮助者等却没有具体的惩罚措施，仅是以教育遣散了事，这无疑在一定程度上助长了传销的回潮和蔓延。因此，立法机关应尽快制定相关法律法规，明确对传销活动参与人员的处罚措施，做到有法可依，以真正达到标本兼治的功效。

2. 学校应发挥主导作用

首先，老师要密切关注和了解大学生的思想、心理动态，帮助大学生提高判断是非、抵御各种错误思想的能力。学校还应该开设相应的课程，通过讲解专业知识、剖析典型案例等方式，帮大学生提高快速识别传销的能力。

其次，学校要加强校园安全建设，强化校园管理，要把防范传销进校园工作纳入学校安全管理工作制度，严禁任何传销组织及人员在校园内进行任何形式的宣传、蛊惑及诱骗活动。

最后，要建立健全大学生就业引导机制。高校要加强大学生就业技能的培训，大力宣传国家就业政策，及时为大学生提供可靠的就业信息；帮助大学生树立艰苦创业、勤劳致富的就业观和财富观，使其选择适合自己的合法就业岗位。

3. 大学生应增强防御能力

首先，大学生应树立正确的成功观和就业观。成功是循序渐进的，要靠脚踏实地的努力来获取，不能幻想一夜成名、一夜暴富。只有勤劳地付出，才会有所回报。大学生应主动接受学校、家庭的正确建议，多和同学交流，积累社会生活经验，提高辨别是非善恶的能力，从根本上杜绝被传销团伙欺骗的可能。

其次，大学生应认清传销的本质，自觉增强防御能力，积极通过报纸、杂志、广播、互联网等媒介，以及其他人的正面或反面事例，深入了解传销的基本特点及其内在本质，形成对传销的正确认识，坚决与传销行为划清界限，不为传销组织者所蛊惑。

最后，大学生应积极开展自我教育。自我教育是一种自我认识、自我监督、自我克制和自我改正的过程，也是一个自我完善的过程，有助于大学生更加正确地认识自我，更加坚决地抵制传销活动。

（三）大学生被困传销组织时的对策

1. 记住地址，伺机报警

大学生一旦发现自己陷入传销组织，就应第一时间掌握所处的具体位置，如楼栋号、门牌号等，如果没有这些信息，则可查看附近的标志性建筑，暗中记下饭店名称、商场名称等。如果能发短信或打电话，则可自己偷偷报警，或告知自己的亲人或朋友，让他们帮忙报警。

2. 极力寻找逃离的机会

大学生被传销组织控制的时候，不应该束手就擒，而应积极地想办法，寻找逃离的机会，如利用传销组织每天进行户外活动的机会寻求他人的帮助；如果传销组织的控制很严，外出的机会很少，则应尽可能寻找和创造外出的机会；如果实在找不到逃跑的机会，则可以在上厕所时偷偷写好求救纸条（为引起注意，可写在钞票上），然后趁人不备，从窗户扔下；如果实在跑不掉，在“敌强我弱”的情况下，则可想办法伪装，骗取他们的信任，让他们放松警惕，然后寻找机会逃离。

拓展阅读

新型传销的特点

传销活动屡禁不止，近几年呈现出新的态势和特点，其组织形式也越来越多样化。新型传销主要具有以下特点。

一、欺骗性

传销活动有着很强的欺骗性。传销组织者通过各种途径组织人员进行传销活动，有的打着“连锁销售”“资本运作”“特许经营”“加盟店铺”的幌子，利用一些求职者急于摆脱贫困、快速求富的心理，以介绍工作、从事经营活动等名义欺骗他人离开居所地（从甲地到乙地）并参与“拉人头”的传销活动；有的打着“电子商务”“网络直销”“网络教育”等旗号，开展以发展会员的形式敛财的网上传销活动；有的假借直销名义，以合法公司为掩护，以销售商品为幌子，以高额返利、高额回报为诱饵，通过发展加盟商、业务员、金牌顾客等形式发展下线，以参加者发展下线的业绩为依据计提奖金，开展传销活动。

二、隐蔽性

传销活动具有很强的隐蔽性。传销组织制订了相关的管理制度，规定五种人不能加入：本地人、公务员、现役军人、两劳人员（即劳动改造人员和劳动教养人员）和逃犯。传销组织内部具有严格的管理制度，传销人员具有极强的反侦查能力，主要表现在以下几个方面：一是在行业内部不使用真名，多以外号相称，就连住址也以编号代替；二是没有注册公司，没有固定的活动场所，他们通常在小区住房、酒店等处开展活动，且为了掩人耳目，每隔一段时间就会更换地点；三是不定期更换手机等通信工具，以逃避侦查。

三、广泛性

传销活动具有广泛性。广西、山东、天津、河南、安徽、陕西、湖北、湖南、辽宁、江西、贵州、云南、山西、江苏、吉林、浙江、四川、内蒙古、黑龙江、宁夏等省、自治区的大部分大中城市、部分县市及直辖市，均聚集了很多传销人员。

四、流动性

传销活动具有很强的流动性。一是全国流动。2009 年，在广西抓获的传销分子涉及全国各省、自治区、直辖市，其中，以四川、湖北、湖南、安徽、黑龙江、新疆籍人员居多，沿海城市人员较少。二是传销人员分散，组织者异地遥控指挥。广西资本运作传销活动的组织者通常居住在南宁或者郊外，定期在南宁召开人员会议，遥控指挥传销组织的经营活动。

五、反复性

传销人员经过“洗脑”后，对于传销活动执迷不悟、深信不疑。公安机关打击处理过的传销人员通常会有以下三种表现：一是另找其他体系，重新加入；二是另起炉灶，自己坐庄；三是害怕打击，不再参与。第三种情况的人员很少，很多传销人员在被打击处理以后，会继续从事传销活动，屡教不改。

六、国际化

传销活动具有国际化的趋势。很多外籍人员和外籍公司参与和组织传销活动。

（资料来源：行知部落，https://www.xzbu.com/2/view-3061710.htm，有改动）

案例点评

“案例引导”中，李军之所以会面试失败，主要是因为没有做好面试准备，在面试过程中犯了大忌，如粗心、慌乱、说脏话等，这些都会给面试考官留下不良印象，从而导致面试失败。

面试是每个求职者都需要面对的。在求职过程中，每个人都应为求职做好充足的准备，并使用一定的求职技巧和方法，以提高求职的成功率。例如，参加招聘单位的笔试之前，主动了解笔试内容、笔试题型、笔试要求，熟悉笔试环境，确保充足睡眠，掌握笔试的答题技巧，有利于提高笔试的胜出概率；参加招聘单位的面试之前，了解各种面试形式及其特点，熟悉面试的内容，了解招聘单位，准备求职材料和自我介绍，进行模拟面试训练，掌握面试过程中的各种应对技巧，有利于提高面试的成功率。

事迹采撷

不忘初心——放飞人生梦想，成就事业华章

经过长达10个月的备考、报名、笔试和面试，小刘在2021年的国家公务员考试中，以第2名的成绩被国家某机关在地方的一个基层岗位录取。

关于报考公务员，许多同学并不太看好，因为考取的机会渺茫，一旦落选，就业就成了新难题，加上又错过了企业的集中招聘期，无形中会丧失很多就业机会。考虑到这些现实情况时，小刘也曾犹豫过。然而，她始终坚信，年轻人就要有梦想，并为实现梦想去努力拼搏，否则就会后悔一辈子。

目标一经确定，小刘便全身心地进入了备考状态。她制订了详细的学习计划，分

模块、分类别地进行有针对性的学习与训练。在备考过程中，她得到了学校团委老师的帮助。与此同时，学校职业发展中心邀请公务员考试领域的专家为学生举办的答疑讲座，也让她获益不少。

小刘说，这段备考的经历已经成为她人生中一笔宝贵的财富。她的体会是：一旦确立了目标，就要全力去拼搏，克服畏难情绪，根除任何放纵自己的理由，让坚强的意志成为最有力的约束。唯有战胜自己，方能战胜一切。

（资料来源：人民网，http://sn.people.com.cn/n2/2021/0520/c393584-34735386.html）

【心得体会】

躬行践履

1．模拟面试训练

内容：分角色扮演应聘者和面试考官，进行面试过程中的互动训练，并拍摄模拟面试训练的视频。

要求：

（1）将全班学生分成若干小组，每组 3～4 人，各组设组长 1 名。

（2）由组长组织本组成员分角色扮演招聘单位行政专员、应聘者、面试考官、摄影记者等，各成员相互配合，共同完成模拟训练任务。

（3）各角色扮演者各司其职：① 招聘单位行政专员确定招聘需求，发布招聘信息，收集求职简历，发送笔试通知和面试通知等；② 应聘者根据招聘信息准备求职材料，投送求职简历，参加笔试和面试；③ 面试考官确定面试方式和面试内容，拟定面试试题，明确评价标准，对应聘者进行面试；④ 摄影记者对面试现场进行摄影、录像，并对获取的第一手资料进行剪辑（时长不超过 5 分钟）。

（4）模拟面试训练的互动过程限制在半小时以内。

（5）模拟面试训练活动结束后，由老师对各组成员的表现进行点评。

2．识别求职陷阱

内容：搜集就业信息，识别求职陷阱，并通过分组讨论提出各种求职陷阱的应对方案。

要求：

（1）将全班学生分成若干小组，每组 6～8 人，各组设组长 1 名。

（2）由组长组织本组成员通过网络、报纸搜集或到当地人才市场搜集与本专业相关的各类招聘信息（包括各类兼职信息），每人搜集 2～3 条。

（3）各组成员对搜集到的信息进行分析，讨论该信息是否真实、是否可能存在求职陷阱等，并简要记录讨论结果。

（4）各组成员针对就业信息中可能存在的求职陷阱，提出切实可行的应对方案。

（5）将讨论结果和应对方案以书面形式提交给老师，由老师做点评并提出相关建议。

就业加油站

（1）《求职突围》（吴晋慧著，台海出版社，2018 年 11 月）。

（2）《大学生求职决胜宝典》（麦可思研究院编著，清华大学出版社，2013 年 1 月）。

（3）面试网：https://www.mian4.net/。

（4）面试网：http://www.mian4.com/。

（5）职了网：http://zhile88.com/。

（6）慕课网-高效求职全攻略：https://www.imooc.com/topic/job。

（7）新安人才网：https://www.goodjobs.cn/。

（8）七月在线：http://www.julyedu.com/question/index。

（9）搜狐网-出国劳务必读：http://www.sohu.com/a/240535721_471214。

项目五 签署就业文书 维护就业权益

篇首导言

每个大学毕业生在就业过程中都需要面对签订就业协议书和签订劳动合同的相关问题。在以往的就业实践中，一些大学毕业生由于不了解就业协议书的签订程序、注意事项、解约后果、违约责任等相关知识，或者不重视劳动合同的基本内容、签订原则、注意事项、解除方式等相关知识，在合法权益受到侵犯时不知道如何维权，在就业过程中吃了不少哑巴亏。为了避免类似情况的发生，本项目将简要介绍签订就业协议书、签订劳动合同、维护就业权益的相关知识，以帮助大学生树立维权意识并提高维权能力。

学习目标

知识目标：

✧ 了解就业协议书的主要内容、签订原则和签订程序。
✧ 熟悉就业协议书的解除方式、违约责任及违约后果。
✧ 了解劳动合同的基本内容、签订原则和解除方式。
✧ 明确毕业生就业的基本权益。
✧ 熟悉毕业生就业权益的自我维护方式和维权途径。
✧ 了解就业维权的相关法律知识。

素质目标：

✧ 提高法律素养，增强法治意识，做“学法、懂法、守法”的好公民。
✧ 增强维权意识，在权益受到侵犯时，要懂得通过合法途径维护自己的权益。

经典语录

世界上的一切都必须按照一定的规矩秩序各就各位。

——莱蒙特

凡事都有规矩。

——德谟克利特

智者非因犯罪已然发生才去惩罚，实乃为了防止犯罪而施刑责。

——柏拉图

签订劳动合同要谨慎

大学毕业生小敏是一位性格较内向的女孩子，在求职过程中曾多次碰壁。终于有一天，某企业表示愿意录用她，这令她兴奋不已。不过，该企业要求先试用 3 个月再签约，小敏欣然同意了。转眼间试用期就结束了，小敏与该企业如期签订了劳动合同，但该企业在劳动合同上备注了以下条款：① 试用期 6 个月；② 服务期 5 年，若在 5 年内提出调动、考研等要求，须向本单位缴纳每年 2 000 元的违约金；③ 其他未尽事宜按本单位有关规定执行。小敏当时一心只想赶紧把单位定下来，根本没有仔细推敲，想当然地认为该单位肯定会按正规程序办事，所以她毫不犹豫地在劳动合同上签了字。

签订了合同之后，小敏才知道试用期要从合同签订之日算起，且试用期只拿基本工资。据说这是该单位对所有新录用毕业生的统一规定，原先 3 个月是非正式的试用，属于实习考察性质的试用。小敏觉得很不合理，但碍于劳动合同上并未注明试用期起始日期，而自己又不想得罪单位，更不愿失去这份工作，故只能怪自己“经验不足”。

在该单位工作了一年多以后，小敏越来越觉得自己不适合在该单位工作，尤其是复杂的人际关系及该单位某些僵化的管理模式，令她敢怒而不敢言。她开始偷偷准备考研。又过了大约一年时间，小敏觉得自己准备得差不多了。她认为，此时报考研究生离正式录取大约还有半年时间，到那时自己在该单位的服务期就只剩两年了，大不了交两年的违约金。然而，事情并非她想象得那么简单，当她正式提交报告，请求单位人事部门出具同意她报考研究生的证明时，单位领导表现得很不高兴，说这事要研究研究。

等研究了一段时间后，小敏被告知必须先办理未满服务期违约手续（即缴纳 1 万元违约金），单位才可出具同意报考证明。这时，小敏再也不能保持沉默了，她与人事部门的工作人员争执了起来。她认为，自己已经服务了两年半，最多只需要缴纳剩下两年半的违约金。而单位人事部门领导却振振有词：“当初签订劳动合同时，不是白纸黑字写明了‘在 5 年内提出调动、考研等要求，须向本单位缴纳每年 2 000 元的违约金’嘛，你自己还签了‘同意’两字呢！”小敏无言以对，如果一定要撕破脸皮，与单位对簿公堂，自己的时间和精力也实在耗不起，况且自己的档案还被卡在单位，到头来很有可能得不偿失。为了不影响自己考研，她只好哑巴吃黄连，自认倒霉了。

（资料来源：道客巴巴，http://www.doc88.com/p-7468436196353.html）

任务一　签订就业协议书

就业协议书是由毕业生、用人单位、学校三方签订的明确三方在就业择业过程中的权利义务关系的书面协议。它是用人单位确认毕业生相关信息的真实性并接收毕业生的重要凭据，也是高校进行毕业生就业管理、制订就业方案的重要依据，还是毕业生办理就业落户手续等有关事项的重要依据。就业协议书一般由教育部或各省、自治区、直辖市的就业主管部门统一印制。

一、就业协议书的主要内容

就业协议书主要包括以下内容：

（1）高校毕业生的基本情况及意见，包括姓名、性别、身份证号、专业、学制、毕业时间、学历、联系方式、毕业生的应聘意见等。

（2）用人单位的基本情况及意见，包括单位名称、组织机构代码、单位性质、联系人及联系方式、档案接收地、用人单位及主管部门的签署意见等。

（3）学校的基本情况及意见，包括学校名称、联系地址、就业指导负责人，以及院系和就业工作部门的签署意见及其他约定事项。

（4）协议书条款，即高校毕业生和用人单位约定的有关内容，包括工种岗位、工作地点、工作期限、户口迁入地、违约责任、协议自动失效条款、协议终止条款，以及违反协议的责任和增补条款。

图 5-1　三方协议

以上三方签字后协议即生效，三方都应该严格履行协议（见图 5-1），一方若违反协议，则应承担相应的违约责任。条款增补栏中可补充其他约定，与正文条款具有同等效力。

随着毕业生就业制度改革的不断深化，毕业生就业协议书的内容也在进一步规范化和法制化。一些用人单位或学校在就业协议书上附加了有关劳动合同的内容，主要包括服务期限、工作岗位和工作内容、劳动保护和工作条件、工资报酬和福利待遇、劳动纪律等，进一步明确用人单位和毕业生的权利与义务，以保障毕业生的合法权益。

二、就业协议书的签订原则

为了更好地维护自己的合法权益，毕业生在与用人单位签订就业协议书时，一定要按照原则办事。当事人在签订就业协议书时必须遵循以下原则。

（一）平等协商原则

签订就业协议书的三方具有平等的法律地位，任何一方都不能将自己的意志强加给另一方。学校不能采用强制手段要求毕业生（不包括有特殊情况的毕业生）到指定的单位就业，用人单位不能在签订就业协议书时要求毕业生交纳风险金、保证金等。

（二）主体合法原则

签订就业协议书的当事人必须具备合法的主体资格。对毕业生来说，具备合法的主体资格是指必须取得毕业资格。如果毕业生在派遣的时候还没有取得毕业资格，那么用人单位可以不予接收而且不需要承担任何法律责任。对用人单位来说，具备合法的主体资格是指必须具备从事各项经营或管理活动的能力，应该有录用毕业生的计划和自主权，否则毕业生有权解除协议，并且无须承担违约责任。对高校来说，具备合法的主体资格是指必须拥有合法的办学资格，拥有学生学籍并有权派遣学生。高校应根据用人单位的要求如实地介绍毕业生的在校表现，并将所掌握的用人单位的信息如实地传达给毕业生。

三、就业协议书的签订程序

就业协议书的签订是毕业生和用人单位在“供需见面”或“双向选择”后达成一致意见的结果。就业协议书的签订一般应按以下程序进行：

就业协议书如何填写

（1）毕业生本人填写基本信息，在协议书上以文字的形式签署自己同意到选定的单位工作的意见，同时签署本人的姓名。

（2）用人单位在协议书上签署同意接收该毕业生的文字意见，并签名盖章，同时在协议书上注明可以接收毕业生档案的机构名称和地址。如果用人单位没有人事决定权，则需要报上级主管部门批准并盖章。

（3）用人单位或毕业生将协议书送到学校毕业生就业指导中心。

（4）毕业生所在的院（系）和学校毕业生就业指导中心在就业协议书上签署意见并签字盖章，然后及时将协议书返给用人单位和毕业生。

（5）就业协议书一式三份，学校就业指导中心留存一份，毕业生自留一份，用人单位主管部门留存一份。至此，就业协议书的签订手续完成。

典型实例

切勿签订“君子协议”

某单位打算接收某校一名毕业生，当时该毕业生已通过体检、政审考核等，该单位表示同意录用该毕业生，但由于没有带公章，所以请学校先在就业协议书上签署意见并盖章，该单位随后补办有关手续。为慎重起见，该校就业指导中心反复提醒该毕业生最好等用人单位盖章后，再交给学校盖章。但该单位和该毕业生都很急，该单位负责人说："反正我们已同意接收，只要方便学生就简化手续，谁先盖章无所谓。"该毕业生说："我体检、政审都通过了，请给我一次机会，我愿写保证书，若后续手续不全则后果自负。"该毕业生所在院系的领导也打电话为之说情。鉴于此，学校先盖了章。谁知刚过两天，该单位并未补办有关手续，而直接将该毕业生的就业协议书退回。

点评：毕业生与用人单位签订就业协议书时一定要慎重，必须把双方的约定以文字形式写到就业协议书上并签字盖章，这样才具有法律效力。"君子协议""口头协议"都是空头支票，没有任何法律效力，一旦发生纠纷，毕业生的利益将无法得到保障。一般来说，毕业生最好亲自前往用人单位签约盖章，如果一定要将协议书寄给用人单位签字盖章，那么应该要求用人单位先出具书面接收函，以确保万无一失。

（资料来源：道客巴巴，http://www.doc88.com/p-0843763770745.html，有改动）

四、签订就业协议书的注意事项

就业协议书明确了当事人在就业过程中的权利和义务，涉及毕业生的切身利益，毕业生在签订就业协议书时应该特别注意以下几个方面。

（一）确认用人单位的主体资格

签订就业协议书的当事人具有合法的主体资格是就业协议书发生法律效力的前提。无论用人单位是机关、事业单位还是企业，都必须具有录用毕业生的自主权。如果其本身不具备录用的自主权，就必须经过具有录用自主权的上级主管部门批准。毕业生签约前，一定要先审查用人单位的主体资格。

（二）注意与劳动合同相衔接

现行的毕业生就业协议书属于"格式合同"，但毕业生、用人单位、学校三方可以根据实际情况在就业协议书的"备注"栏约定相应的权利和义务。由于就业协议书签订在先，劳动合同签订在后，所以为了避免与用人单位签订劳动合同时发生争议，毕业生应该提前与用人单位协商服务期限、试用期、工作岗位和工作内容、劳动保护和工作条件、工作报酬、福利待遇等，在就业协议书的备注栏写明协商结果，并约定就业时签订的劳动合同应同时包括这些内容，以确保就业前签订的就业协议书与就业时签订的劳动合同相衔接。

（三）事先约定解约条件

一旦签订了就业协议书，当事人就受协议约束，任何一方不得随意解除，否则应该承担违约责任。如果毕业生可能因升学、出国等情况而不能够履行协议，则可以与用人单位在就业协议书中事先约定解约的条件。约定的条件一旦成立，毕业生就可以依照约定解除协议，而且无须承担违约责任，从而避免产生经济损失或者其他的争议。

（四）明确违约责任及担责方式

违约责任是指协议当事人不履行或不完全履行协议规定的义务时所应该承担的法律责任。违约责任条款是保证协议履行的有效条款。毕业生与用人单位签订就业协议书时，应在协议内容中详细写明当事人双方的违约情形及违约后应当承担的责任，并写明当事人违约后采用何种方式来承担责任。

（五）认真审查协议书的内容

首先，毕业生应认真审查就业协议书的内容是否符合国家相关政策和法律的规定；其次，应审查双方的权利和义务是否对等；再次，应确认除了主协议之外，是否还有附件（或补充协议），并且应认真审查附件的内容。

如果需要对就业协议书上的必要条款进行变更，毕业生可以与用人单位进行协商，采用补充协议的形式列明就业协议书中未能体现的具体权利和义务，并在协议书的备注栏中予以说明，备注的内容一定要具体、明确，而不能产生歧义。补充协议和主协议书具有同等的法律效力。

（六）按规定程序签订就业协议书

就业协议书的签订形式应合法，毕业生应按照规定的程序签订就业协议书。按照规定的程序签约，有利于保护毕业生和用人单位的合法权益，避免单方违约或一方在另一方不知情的情况下增加有损对方利益的条款。

五、就业协议书的解除

就业协议书的解除分为单方解除和三方解除两种。

（一）单方解除

单方解除包括单方擅自解除和单方依法或者依协议解除。其中，前者属于违约行为，解约方应该向其他当事人承担违约责任；后者是指当事人一方以法律规定或协议约定为依据解除就业协议，不属于违约行为。

（二）三方解除

三方解除是指毕业生、用人单位、学校三方经过协商，一致同意废除已签订的协议，使协议失去法律效力。由于此类解除是经过三方当事人一致同意的，所以任何一方均不承担法律责任。三方解除应该在就业计划上报至省级就业主管部门之前进行。如果三方解除就业协议时就业派遣计划已经下达，则学校应该经过省级就业主管部门批准后申请办理改派手续。

教育部关于《全国普通高等学校毕业生就业协议书》的管理办法

（1）毕业生与用人单位达成一致意见后，均须签订《全国普通高等学校毕业生就业协议书》。

（2）《全国普通高等学校毕业生就业协议书》由教育部高校学生司制定，学校招生就业工作处统一翻印，各学院集体到招生就业工作处领取，或者由毕业生持本人学生证到招生就业工作处领取。每位毕业生只有一套《全国普通高等学校毕业生就业协议书》，每套一式三份。

（3）任何单位或个人均不得复印、复制、翻印《全国普通高等学校毕业生就业协议书》；在签订《全国普通高等学校毕业生就业协议书》时，如果《全国普通高等学校毕业生就业协议书》因破损等情况而不能使用，可持原件到招生就业工作处申请更换；《全国普通高等学校毕业生就业协议书》不得挪用、转借、涂改，否则视为无效。

（4）毕业生在协议书上签署个人意见之后，用人单位或学校两方之中只要有一方在协议书上签字，毕业生即不得单方面终止协议的签订工作。毕业生违约时，必须办理完毕与原签约单位的解约手续（有原签约单位的书面退函，交纳完违约金），然后将原协议书交还招生就业工作处，并换取新的协议书。

（5）如果毕业生不慎将协议书遗失，学校原则上不再补发，到毕业派遣时，毕业生回生源地参加二次分配。若因特殊情况需要补发，毕业生必须以书面形式提出申请，由所在学院主管毕业生就业工作的负责人签署意见，经招生就业工作处调查并研究之后酌情处理。同时具备以下四个条件时，招生就业工作处方予受理：① 经核查，协议书确实属于遗失者；② 招生就业工作处收到毕业生的申请书两个星期以上；③ 毕业生须交纳相当于违约金数额的费用。

（6）凡是通过地方或部委毕业生就业工作主管部门与用人单位签订就业协议书的毕业生，签约时可使用他们提供的《毕业生就业协议书》，但是毕业生回校后，必须与学校补签《全国普通高等学校毕业生就业协议书》。毕业生如果另有选择，则必须与原签约单位解除所签订的协议。

（资料来源：云法律网，http://www.yunfalv.com/Content-3409.htm）

六、违约责任及违约的后果

就业协议书一旦经毕业生、用人单位、学校签署即产生法律效力，任何一方都不能够擅自解除，否则，违约方应该向权利受损方支付协议条款所规定的违约金。

（一）毕业生违约

毕业生违约后，其本人应该承担违约责任，支付违约金。毕业生违约往往会造成以下不良后果。

首先，对用人单位来说，其往往为了录用一名毕业生做了大量的工作，有的甚至对毕业生将要从事的具体工作也已经做了安排，所以毕业生违约会给用人单位造成一定损失。此外，毕业生就业的时间相对比较集中，一旦一些毕业生因为某种因素而违约，用人单位就需要另选其他毕业生，而这在时间上不允许，从而使用人单位处于被动状态。

其次，对学校来说，毕业生违约往往会使用人单位对学校的推荐工作产生怀疑，这会影响学校和用人单位之间的长期合作关系。一旦某所学校的毕业生出现违约情况，相关的用人单位可能在未来的几年之内都不会再接收该校的毕业生，这样势必会影响学校今后的就业指导工作。同时，学校就业计划的制订、上报及毕业生派遣工作也会受到影响。

最后，对其他毕业生来说，用人单位来学校挑选毕业生，一旦与某毕业生签订了就业协议书，就不能再录用其他毕业生。如果该毕业生违约，那么当初希望去该单位的毕业生也错过了到该单位就业的机会，这就造成了就业资源的浪费，影响了其他毕业生就业。

（二）用人单位违约

用人单位违约后，应该按照协议规定承担违约责任，支付违约金。用人单位违约会给毕业生和学校造成一定损失：已签约的毕业生错过了选择其他单位的机会，许多毕业生因此而出现“饥不择食”的现象，这对其今后的发展十分不利；学校就业计划的制订和上报将受到影响。

（三）学校违约

在就业协议签订和履行过程中，学校主要行使监督审核权。学校并不是双向选择中的意向方，所以学校直接违约的可能性非常小。如今，许多高校在就业协议书上签字主要起鉴证登记的作用。

任务二　签订劳动合同

劳动合同是指劳动者与用人单位确立劳动关系、明确双方权利和义务的协议。签订劳动合同是为了能够在法律上确立劳动者与用人单位之间的劳动关系，将双方的有关权利、义务通过书面合同的形式确定下来，并使之特定化、具体化，从而更好地维护劳动者和用人单位的合法权益。

一、劳动合同的基本内容

劳动合同的内容分为法定条款和协定条款两部分，前者是指由法律、法规直接规定的劳动合同必须具备的内容；后者是指由双方当事人自愿协商确定的合同内容。

（一）法定条款

根据《劳动合同法》规定，劳动合同应包括以下七项法定条款：

（1）用人单位的名称、住所和法定代表人或者主要负责人。

（2）劳动者的姓名、住址和居民身份证或者其他有效身份证件号码。

（3）劳动合同期限。

（4）工作内容和工作地点。

（5）工作时间和休息休假。

（6）劳动报酬。

（7）社会保险。

（8）劳动保护、劳动条件和职业危害防护。

（9）法律、法规规定应当纳入劳动合同的其他事项。

课堂讨论

某单位决定录用你并与你签订劳动合同，但是该合同的内容明显不规范，而你很想得到这份工作。请思考：① 这样的合同到底该不该签？② 如果你打算签订，将怎样与用人单位沟通？

（二）协定条款

协定条款是双方当事人经自愿协商后在劳动合同中规定的权利和义务。协定条款必须符合国家法律、法规和政策的规定。用人单位与劳动者可以约定试用期、培训、保守商业秘密、补充保险和福利待遇等其他事项。

二、劳动合同的签订原则

（一）平等自愿原则

平等自愿原则是签订劳动合同的核心原则。在签订劳动合同过程中，劳动合同双方当事人是平等的民事主体，具有平等的法律地位，应以平等的身份签订合同（见图 5-2）。平等自愿原则主要体现在以下三个方面：① 劳动者和用人单位均以劳动力市场主体身份出现，互不隶属；② 劳动者和用人单位依照法律规定享受平等的权利、承担平等的义务；③ 劳动合同的内容

图 5-2　签订合同

由双方共同协商后确定，任何一方都不能把自己的意志强加给另一方或采用欺诈手段订立劳动合同。

（二）协商一致原则

协商一致原则即在签订劳动合同时，劳动者与用人单位在平等自愿的基础上，充分表达自己的意愿，就合同的内容达成一致意见之后，劳动合同才能成立。

续订劳动合同也须平等自愿

2017 年 5 月 10 日，毕业生小张与某企业签订了为期两年的劳动合同。合同履行期间，企业为了开展新项目，派小张到中国香港地区参与为期半年的培训。双方约定，培训期间劳动合同继续有效，培训时间计入劳动合同履行期间。2019 年 5 月 9 日，合同期满，小张决定解除劳动合同，但该企业不同意为小张办理解除劳动关系的手续，要求小张必须续订劳动合同，否则就要求小张赔偿劳动合同履行期间所发生的培训费 8 000 元。为此，双方发生了纠纷。小张向当地劳动仲裁部门提出仲裁申请，经过调解，该企业同意与小张解除劳动关系，并自动放弃收取培训费。

点评：这是一起因强迫续订劳动合同而产生的劳动纠纷。本案中，小张与该企业的劳动合同期届满，合同终止，双方的劳动关系也随之解除。企业如果想继续维持双方的劳动关系，就必须在平等自愿、协商一致的基础上续订劳动合同。如果劳动者不同意，则不能续订劳动合同。

（资料来源：道客巴巴，http://www.doc88.com/p-784440869248.html，有改动）

（三）合法原则

合法原则是当事人双方订立劳动合同时必须遵守的最基本、最重要的原则。具体体现在以下几个方面：

（1）劳动合同的主体必须合法。劳动者必须具有劳动行为能力和劳动权利能力，即劳动者必须达到法定劳动年龄并具有劳动能力；用人单位必须具有法人资格。

（2）劳动合同的内容必须合法。双方签订的劳动合同内容（权利与义务）必须符合国家政策和法律法规的规定，必须体现当事人的真实意愿。

（3）劳动合同的签订程序、形式必须合法。劳动合同必须按照法定的程序签订，必须采用书面形式，且必须具备法定条款。

违反上述原则订立的劳动合同视为无效的劳动合同，无效劳动合同从订立之日起就没有法律约束力。劳动合同部分无效的，如果不影响其余部分的效力，其余部分仍然有效。劳动合同的无效由劳动争议仲裁委员会或人民法院认定。

典型实例

不诚信的后果

2018 年 6 月，某毕业生王某由于多门功课不及格，不能顺利拿到毕业证和学位证书，于是通过非法途径购买了伪造的大学本科文凭。在通过一系列的笔试、面试后，王某被一家公司录用。双方签订了两年的劳动合同，约定试用期为 3 个月。

在合同履行了3个月后，该公司为王某调取档案办理社保手续时，发现王某的证明材料是伪造的，遂通知王某立即解除劳动合同。王某不服，向当地劳动争议仲裁委员会提出仲裁请求：认定劳动合同有效，并要求公司支付解除合同的经济补偿金。当地劳动争议仲裁委员会作出裁决：对王某的请求不予支持；认定双方签订的劳动合同无效。王某要求公司支付经济补偿金的这一请求没有法律依据，故不能得到支持。

点评：王某违背诚实信用的基本原则，伪造材料与用人单位签订了劳动合同，侵犯了用人单位的合法权益，其行为构成了欺诈。王某与该公司签订的劳动合同从订立之日起就没有法律约束力。

（资料来源：道客巴巴，http://www.doc88.com/p-4485808609182.html）

三、签订劳动合同的注意事项

（1）要签订书面合同。毕业生与用人单位签订劳动合同时，必须签订书面形式的劳动合同。合同一式两份，毕业生与用人单位各持一份。

（2）试用之前签订劳动合同。劳动合同约定的试用期是包含在劳动合同期限之内的，并且最长不能超过 6 个月。先试用、后签订劳动合同，或者单独约定试用期的做法，都是违反《劳动合同法》的规定的。

劳动合同的八大陷阱

（3）抵制各种不正当收费。在签订劳动合同时，交纳抵押金、风险金等做法都是不合法的。毕业生与用人单位签订劳动合同时应当坚决抵制这种不法行为。

（4）完整地理解格式合同的内容。为了提高签约效率，用人单位通常事先拟订好劳动合同，劳动者查看后再做出是否签约的决定。也就是说，用人单位提供的劳动合同，其内容通常不允许修改，即常说的格式合同。毕业生在签订格式合同时，一定要完全理解格式合同的条款内容，并对不合理的条款提出异议，与用人单位达成一致意见后予以修改。

拓展阅读

职场新人的"试用期"不是"白用期"

试用期是比较敏感的一个时期。无论是职场老手，还是应聘毕业生，在找工作的时候都会面临试用期。虽然求职者通过面试后成功进入了用人单位，但是其在成为正式员工之前心里是没底的，若做不好，就会丢了工作。一些用人单位摸透了求职者的这种心理，便借机将"试用期"变为"白用期"（见图 5-3），以牟取非法利益。应届毕业生在求职过程中一定要注意提防。常见的违规做法主要有以下几种。

图 5-3 "试用期"变成"白用期"

一、试用期不签订劳动合同

试用期是适用于劳动者的考察期，同时也是劳动者与用人单位的磨合期。一些违规用人单位为了降低人工成本，将试用期变成了使用廉价劳动力的特殊期。部分用人单位在试用期不与毕业生签订劳动合同，在试用期即将届满时以各种理由辞退毕业生。这种做法给毕业生造成很大的损失和伤害，毕业生付出了大量的时间和精力，还因此错过了最佳就业期。

二、试用期内随意解除劳动合同

毕业生满怀激情地到用人单位就职，勤勤恳恳地工作，并默默地等待转正的通知，结果往往得到因不符合任职要求而被辞退的消息。这种情况在毕业生就业过程中十分常见。一些用人单位不重视试用期，在试用期内随意解除劳动合同（应聘的毕业生确实不符合任职要求的除外），这种做法是不合法的。更重要的是，这种做法会打击应届毕业生的积极性和自信心，对其谋求下一份工作会产生很大的负面影响。

三、"试用期"等于"白用期"

一些不良的用人单位将"试用期"变为"白用期"，在新入职场的毕业生身上牟取非法利益。与此同时，很多应届毕业生认为，自己没有什么工作经验，工资理应比正式员工低很多。其实，这是一种误解。劳动者基于劳动关系付出劳动，应当得到相应的劳动报酬。《劳动合同法》第 20 条明确规定："劳动者在试用期的工资不得低于本单位相同岗位最低档工资或者劳动合同约定工资的 80%，并不得低于用人单位所在地的最低工资标准。"这意味着，用人单位不能让毕业生做廉价劳动力，而毕业生也可以依法维护自己在试用期内的合法权益。

（资料来源：搜狐网，http://www.sohu.com/a/259728056_100088969，有改动）

四、劳动合同的解除

劳动合同的解除是指劳动合同当事人在劳动合同期限届满之前终止劳动合同关系的法律行为，可分为协商解除和法定解除。依法解除劳动合同对于维护劳动者的自由择业权和用人单位的用人自主权，促进劳动者之间、用人单位之间在平等条件下的自由竞争具有积极意义。

如何正确解除劳动合同

（一）协商解除

协商解除是指劳动合同订立后，双方当事人因某种原因，在完全自愿的基础上解除劳动合同，提前终止劳动关系的行为。协商解除劳动合同可以分为两种情况：用人单位提出解除和劳动者提出解除。协商解除劳动合同应当是自愿的，不论是哪一方先提出，都应该体现双方的真实意思，要坚持自愿、平等、协商一致的原则。这是签订劳动合同的基本原则，也是协商解除劳动合同的基本原则。

1. 用人单位单方解除劳动合同

（1）劳动者有下列情形之一时，用人单位有权解除劳动合同：① 在试用期间被证明不符合录用条件的；② 严重违反用人单位规章制度的（见图 5-4）；③ 严重失职，营私舞弊，给用人单位利益造成重大损害的；④ 同时与其他用人单位建立劳动关系，对完成本单位的工作任务造成严重影响，或者经用人单位提出，拒不改正的；⑤ 因法定情形致使劳动合同无效的；⑥ 被依法追究刑事责任的。

图 5-4　解除合同

（2）在劳动者有下列情形之一时，用人单位提前 30 日以书面形式通知劳动者本人或者额外支付劳动者一个月工资后，可以解除劳动合同：① 劳动者患病或者非因工负伤，医疗期满后不能从事原工作，也不能从事由用人单位另行安排的工作的；② 劳动者不能胜任工作，经过培训或者调整工作岗位，仍不能胜任工作的；③ 劳动合同订立时所依据的客观情况发生重大变化，致使原劳动合同无法履行，经当事人协商不能就变更劳动合同内容达成协议的。

（3）用人单位因法定情况，如濒临破产进行法定整顿、生产经营状况发生严重困难等，需要裁减人员而引起劳动合同的解除。

在以上第（2）（3）类情形下解除劳动合同的，用人单位应该依照国家有关规定对劳动者给予经济补偿。

与此同时，劳动合同法规定了用人单位不得解除劳动合同的情况。劳动者有下列情形之一的，用人单位不得解除劳动合同：① 从事接触职业病危害作业的劳动者未进行离岗前职业健康检查，或者疑似职业病病人在诊断或者医学观察期间的；② 在本单位患职业病或者因工负伤并被确认丧失或者部分丧失劳动能力的；③ 患病或者非因工负伤，在规定的医疗期内的；④ 女职工在孕期、产期、哺乳期的；⑤ 在本单位连续工作满 15 年，且距法定退休年龄不足 5 年的；⑥ 法律、行政法规规定的其他情形。

2．劳动者单方解除劳动合同

根据《劳动合同法》规定，劳动者解除劳动合同，应当提前 30 日以书面形式通知用人单位；在试用期内提前 3 日通知用人单位，可以解除劳动合同。

用人单位有下列情形之一的，劳动者可以解除劳动合同：① 未按照劳动合同约定提供劳动保护或者劳动条件的；② 未及时足额支付劳动报酬的；③ 未依法为劳动者缴纳社会保险费的；④ 用人单位的规章制度违反法律、法规的规定，损害劳动者权益的；⑤ 因法定情形致使劳动合同无效的；⑥ 法律、行政法规规定劳动者可以解除劳动合同的其他情形。

用人单位以暴力、威胁或者非法限制人身自由的手段强迫劳动者劳动的，或者用人单位违章指挥、强令冒险作业危及劳动者人身安全的，劳动者可以立即解除劳动合同，不需事先告知用人单位。

（二）法定解除

法定解除是指出现国家法律、法规或合同规定的可以解除劳动合同的情况时，不需要双方当事人一致同意，合同效力可以自然终止或单方终止。

五、劳动合同与就业协议书的区别

劳动合同与就业协议书都是用人单位录用毕业生时所订立的书面协议，两者处于就业流程的不同阶段，存在以下几个方面的区别。

（一）依据不同

劳动者与用人单位就劳动合同发生争议时，应依据《劳动合同法》来处理。而双方就协议书发生争议时，除了根据协议内容之外，主要依据现有的毕业生就业政策对协议的一般规定来进行处理。

（二）主体不同

劳动合同是毕业生与用人单位明确劳动关系和权利义务的协议。学校不是劳动合同的主体，也不是劳动合同的鉴证方。就业协议书是毕业生在校时，由毕业生与用人单位协商签订、学校参与鉴证的协议，是制订毕业生就业计划和派遣毕业生的依据。

（三）内容不同

劳动合同的内容涉及劳动报酬、劳动保护、工作内容、劳动纪律等各个方面。就业协议书的主要内容包括毕业生的基本情况及愿意到用人单位工作的签署意见、用人单位的基本情况及愿意接收毕业生的签署意见、学校同意推荐毕业生并列入就业计划进行派遣的意见，以及关于劳动关系的意向条款，其内容不如劳动合同明确、具体。

（四）时间不同

一般来说，就业协议书签订在前，劳动合同签订在后，就业协议书在毕业生到用人单位报到、用人单位正式接收毕业生后自行终止，双方劳动关系的建立以劳动合同的签订为准。对于就业协议书中约定的条件，双方应在订立劳动合同时予以确认。否则，应当视为当事人对相应劳动合同权利的自动放弃，劳动合同当事人任何一方不得以就业协议书的条款约束对方。

（五）目的不同

劳动合同是毕业生就业时从事何种工作、享受何种待遇等权利和义务的依据，其宗旨是保护劳动关系当事人的合法权益。一旦发生劳动争议，劳动合同就会成为解决劳动争议的重要证据。就业协议书是毕业生和用人单位对就业意向的初步约定，是制订毕业生就业计划和判断三方履约情况的依据。

典型实例

刘某该承担违约责任吗

应届毕业生刘某与某公司签订了就业协议书，双方未在协议中约定工资福利，但约定了违约金 3 000 元。2018 年 7 月 11 日，刘某到该公司报到，并与公司签订了为期 1 年的劳动合同，合同约定试用期为 1 个月。工作 10 天后，刘某向公司提出辞职申请，该公司要求刘某承担违约责任，支付 3 000 元的违约金。

该公司认为，劳动合同产生的基础是就业协议书，根据三方协议，刘某的辞职行为已构成违约，理应向公司支付违约金。刘某则认为，自己解除劳动合同的行为合法，不需要支付违约金。

那么，刘某是否应该承担违约责任，支付 3 000 元的违约金呢？

分析：就业协议书是劳动者与用人单位基于就业问题达成的意向协议，从签订之日起即对毕业生与用人单位有约束力，效力终止于双方签订劳动合同之日。违反就业协议书约定的行为只可能发生在签订劳动合同之前。明确了以上问题后，案例中的问题就不难回答了。刘某已到用人单位报到，并与用人单位签订了劳动合同，这意味着就业协议书的效力已终止。这时，双方应当受劳动合同的约束。而根据《劳动合同法》的规定，劳动者在试用期内提前 3 天通知用人单位，就可以解除劳动合同。刘某在试用期离职是他的权利，无须承担违约责任。

任务三 维护就业权益

一、毕业生就业的基本权益

作为一个特殊群体，大学毕业生在就业过程中除了享有普通劳动者所享有的劳动报酬权、休息休假权、劳动保护权等一般权利外，还享有下列权利。

（一）就业信息知情权

就业信息知情权是指大学毕业生拥有及时、全面地获取应该公开的各种就业信息的权利。它包括三个方面的含义：① 信息公开，即任何团体、组织和个人都不得隐瞒、截留就业信息，而应向毕业生全面公布；② 信息及时，即应及时向毕业生公布就业信息，否则就业信息就会失去效用；③ 信息全面，即向毕业生公布的就业信息应当是完整的，残缺不全的信息将影响毕业生对用人单位情况的了解和判断，从而影响其求职择业。

（二）接受就业指导权

就业指导工作对毕业生来说意义重大，它会直接影响毕业生的职业生涯规划、就业意识、就业方向及求职择业。学校在毕业生就业指导中占据重要位置。为做好毕业生就业指导工作，学校应当设立专门机构、开设专门课程、安排专门人员对毕业生提供全方位的就业指导服务，包括向毕业生宣传国家关于大学生就业的方针、政策，帮助毕业生做好职业规划，为毕业生提供求职技巧方面的指导，引导毕业生准确定位、合理择业等。除了学校，毕业生还可以从社会上合法的就业指导机构获得帮助。

（三）接受就业推荐权

向用人单位推荐毕业生是学校就业指导中心的一项重要职责，学校的推荐对用人单位选择毕业生有着重要影响。毕业生享有被学校及时、公正、如实推荐给用人单位的权利。学校推荐毕业生时应做到以下几个方面：① 如实推荐，对毕业生的在校表现不夸大、不贬低，而做到实事求是；② 择优推荐，在公开、公正的基础上择优推荐毕业生，力求人尽其才，并激发广大学生的工作积极性；③ 公正推荐，根据毕业生的在校表现及能力，公平、公开、公正地推荐每一位毕业生，使其享受被推荐的权利。

（四）平等就业权

毕业生在就业过程中享有平等的就业权利，有平等的机会去竞争工作岗位。毕业生应当平等地接受学校推荐，平等地参加用人单位的公开招聘，同时有权要求用人单位在录用人才时做到公平、公正、一视同仁。目前，社会上仍存在着种种就业歧视，包括性别歧视、地域歧视、学历歧视、经验歧视、身体条件歧视等（见图 5-5），毕业生在遭遇这些歧视时，应该勇敢地拿起法律武器维护自己的权益。

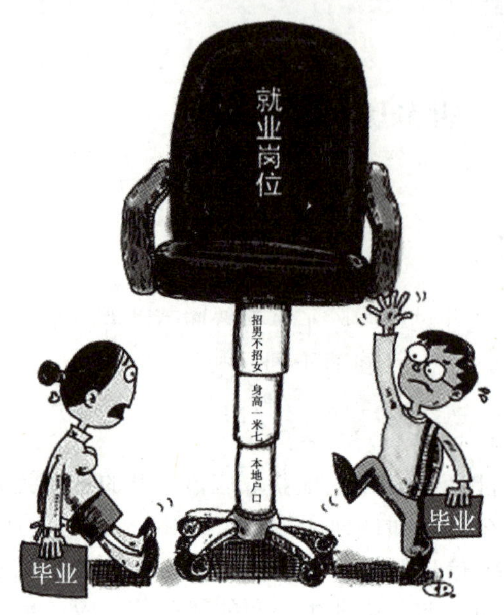

图 5-5　就业歧视

维护女性合法权益：
曹菊打官司

拓展阅读

就业歧视与应对

一、性别歧视

广州某高校大四女生小玲到一家 IT 企业面试后，遭遇了性别歧视。为此，她感到愤愤不平。该企业有关部门负责人明确地告诉她："你的条件完全符合应聘要求，但是单位领导要求只招男生。"据了解，小玲成绩优秀，还曾经花费近万元参加 Java 高级软件工程师培训班并获得了资格证书。班上不少成绩不如她的男生早已找到了满意的工作，她却不断碰壁。

不少企业同样表达了"招聘要男生，不要女生"的看法。他们认为，女生走上工作岗位后将面临怀孕、生育等一系列问题，难免会给单位用工带来不便，而在此期间的工资及福利待遇，单位还得照常提供，所以"聘用男性员工，不仅少了很多麻烦，还可节约成本，避免'性别亏损'"。

专家建议：女性求职者在求职前应该先调整好自己的心态，分析并确认自己的能力和优势。就算某些用人单位存在性别歧视，女性求职者也要积极地向用人单位展示自己的长处，力争扭转用人单位的观念。

二、健康歧视

杨某 2016 年毕业于某大学土木工程专业。在毕业前夕，杨某与天津的一家电气化勘测设计研究院签订了就业协议书。2016 年 7 月 10 日，杨某和几名同学如约到该单位报到。8月3日，他在参加单位统一体检时，被查出携带乙肝病毒(乙肝小三阳)。随后，杨某被安排到天津市传染病医院复查，结果显示他的指标属于正常值，且肝功能正常。但是设计院仍以乙肝小三阳为由，拒绝与杨某签订劳动合同，并单方解除了三方签订的就业协议书，将杨某的人事档案退回了学校。于是，杨某向法院起诉了这家设计研究院。

专家建议：无传染性乙肝病毒的感染者是可以正常就业的。根据《全国病毒性肝炎防治方案》的规定，乙肝病毒携带者除不能献血及从事食品加工和保育工作外，可以照常工作。乙肝歧视行为违反了我国《传染病防治法》的规定。

三、户籍歧视

提起在求职过程中所遭遇的“歧视”，即将从北京某大学毕业的大学生小卢就气不打一处来。一次，他去一家研究机构应聘，招聘人员开始还颇有兴趣地询问他的专业、学习成绩等，可一听到他报上“籍贯河南”时，马上开口说：“哦，河南人呀！”随后就结束了问话，让他回去等通知，实际上却再无消息。

专家建议：企业有这种户籍歧视是不对的。用人单位应给求职者提供公平的机会，根据实力招聘人才，而不以地域为限；有条件的单位可为应聘者解决户口问题。

四、外貌歧视

某名牌大学金融学硕士刘某，身高160厘米。他品学兼优，但身高成了他求职时无法迈过的门槛。他的求职意向是银行职员，在投递了简历后，招聘单位对他表现出很大的兴趣。可等到约见时，对方一看他的身高，就高兴不起来了。聊了几分钟之后，对方就直言：“单位有要求，男性的身高不能低于170厘米，否则单位不会接收。”

学历史的小郭自去年大学毕业至今一直没有找到理想的工作。因为很多用人单位觉得她肤色黑，相貌不符合任职要求。小郭说：“有个公司本来想聘用我当秘书，可是面试后就没信儿了。事后，别的同学告诉我，这个老总竟然当着好多人的面笑话我，说我眼睛大、鼻子扁，长得像‘京巴’。”

专家建议：有自信就是最大的魅力。能力上的缺陷可以通过努力弥补，但身高、相貌是爹妈给的，这个门槛可能这辈子都迈不过去。不过，对于外貌方面的短处，求职者可以利用合适的方法来弥补。例如：如果身材偏胖，则宜穿深色衣服；如果个子较矮，则可穿高跟鞋；如果肤色较黑，则可以通过化妆来改善肤色。当然，最重要的还是用内在方式来改善形象，即多读书，多学习，以增强自信心。“腹有诗书气自华”，有的人并不英俊或漂亮，但走出来却令人眼前一亮，其原因就在于有内涵、有自信，浑身散发着魅力。

五、经验歧视

毕业前夕，天津某大学的毕业生小吴过得很辛苦。由于前期未能找到如意的工作，现在的他依然奔波于各种人才招聘会，用他自己的话说，叫“病急乱投医”。小吴说：“我曾参加过很多招聘会，大部分用人单位都要求有工作经验，同时又不认可实习经历，分明就是没有诚意招聘应届毕业生。”小吴的遭遇不是个别现象。“来之能战，战之能胜”已经成了一些用人单位选人用人的潜规则。作为一种社会现象，为人诟病已久的“经验歧视”随着就业形势的日益严峻而愈演愈烈。

专家建议：大学毕业生找工作时，不要被企业对工作经验的要求吓倒，只要其他方面符合任职要求，就要勇敢地申请相应职位。同时，在面试过程中，要强调自己的实习经历和迅速适应社会的能力。另外，应届毕业生可多参加一些不同类型的招聘会，如校园专场招聘会、网络招聘会等，拓宽就业渠道。这样，应届毕业生就能通过自身努力在一定程度上消除“经验歧视”。

（资料来源：百度文库，https://wenku.baidu.com/view/1e7888c3970590c69ec3d5bbfd0a79563c1ed482.html，有改动）

（五）择业自主权

根据规定，毕业生在国家就业方针、政策的指导下“双向选择，自主择业”，即毕业生可按照自己的意愿就业，有权决定自己是否就业、何时就业、何地就业、从事何种职业等，学校、其他单位和个人均不得干涉。任何强行干预毕业生就业的行为都是侵犯毕业生就业自主权的行为。

（六）择业知情权

毕业生在与用人单位签订就业协议书及劳动合同之前，有权了解用人单位的主体资格、劳动岗位、劳动条件、薪资报酬及规章制度等情况，用人单位应当如实说明或介绍，不能回避、故意隐瞒或刻意夸大某些情况。

（七）违约求偿权

用人单位、毕业生、学校的三方协议一经签订，任何一方不得违约。如果用人单位无故解除协议或不履行协议内容，毕业生有权要求用人单位承担违约责任，也有权要求用人单位对其所造成的损失给予赔偿。

（八）户口档案保存权

毕业生自毕业之日起，在择业期内如果没有找到合适的用人单位，没有和用人单位签订就业协议书，也没有因回生源地自主择业、出国等情况而办理人事代理手续，则有权将档案和户口保存在学校，学校应当对毕业生的学籍档案和户口关系进行妥善保管，且不能向毕业生收取费用。择业期满后，学校就不再承担此义务。

二、毕业生就业权益的自我维护

（一）增强自我保护意识

首先，毕业生应端正求职心态，调适就业心理。激烈的就业竞争往往会使毕业生产生盲目跟风、焦虑浮躁等不良心态，这就给一些不法分子或组织制造了可乘之机。正确的做法是调整情绪，保持心态平稳，在求职前做好心理准备，防止因轻信他人、急于求成等而上当受骗。其次，毕业生应对用人单位进行全面、深入的了解。毕业生有择业知情权，在签约前应通过多种途经了解用人单位的各方面情况，最好能够实地考察一下，以做到心中有数。最后，毕业生应慎签就业协议书和劳动合同，不可盲目、草率。仔细阅读就业协议书和劳动合同的各项条款，明确劳动关系双方的权利和义务，不留漏洞，以免日后产生纠纷。

（二）增强法律意识

毕业生应学习并掌握与就业有关的法律知识，以便在就业过程中积极运用法律武器维护自己的合法权益。尤其是在签订就业协议书和劳动合同过程中，一些用人单位喜欢钻空子，毕业生一定要注意提防，学会运用法律武器保护自己。

（三）培养契约精神

毕业生与用人单位签订的就业协议书和劳动合同是明确就业意向、确立双方当事人之间劳动关系的一种契约，具有法律效力。毕业生在签约时要具备契约精神，一方面通过协议或合同保护自己的合法权益，另一方面必须严格遵守并积极履行协议或合同内容，未经对方同意不得擅自解约，否则应承担法律责任。

（四）增强维权意识

毕业生不但要明确自己在就业过程中享有哪些权利，而且要增强自己的维权意识。当自己的合法权益受到侵害时，应敢于拿起法律武器维权，而不是选择忍气吞声或不了了之。只有这样，自己的合法权益才能得到切实的保障。

三、毕业生维权求助的途径

毕业生在权益受到侵犯时，不要惊慌失措，更不要冲动蛮干，而要懂得通过合法途径维护自己的权益。

（一）依靠学校

在求职过程中，合法权益受到侵犯时，毕业生应首先向学校的就业主管部门寻求帮助，学校有责任和义务维护毕业生的合法权益。学校可以采取各项措施来规范用人单位的招聘行为，有权抵制用人单位在招聘活动中的不公正行为或违法行为。就业协议书须经三方同意才生效，对不符合规定的就业协议条款，学校有权拒绝签署意见。对于可以协商解决的问题，由学校出面与用人单位进行沟通，将有助于问题的顺利解决。

（二）依靠国家行政机关

当合法权益受到侵犯时，毕业生可向各级行政主管部门举报、投诉。这些部门主要有毕业生就业主管部门、劳动监察部门、物价监察部门、技术监督部门、工商行政管理部门等。这些部门会依法对侵犯毕业生合法权益的单位或组织进行处理。

（三）借助新闻媒体

毕业生可以借助报纸、电视、网络等新闻媒体的力量，对侵犯自己合法权益的单位或组织进行披露、报道，充分发挥新闻媒体的舆论监督作用，以便引起社会的关注和相关部门的重视，从而促进问题的快速、有效解决。

（四）寻求法律援助

法律援助是指由政府设立的法律援助机构指派法律援助人员为经济困难或涉及特殊案件的人员提供法律服务，并减免收费的一项法律保障制度。法律援助是一项扶助贫弱、保障社会弱势群体合法权益的社会公益事业。毕业生在就业过程中遇到法律问题时可以到当地的法律援助中心寻求法律帮助。

（五）依靠司法机关

我国的《民法总则》《民事诉讼法》《行政诉讼法》《刑事诉讼法》《治安管理处罚法》等法律、法规明确规定，对侵犯人身、财产权利的违法行为或犯罪行为，权利人有权向人民法院提起诉讼或向公安机关报案。毕业生在合法权益受到侵犯时，应懂得向司法机关寻求帮助，保护自己的合法权益。

拓展阅读

维权的常见方式

求职者在就业过程中，一旦合法权益受到侵犯，就应该积极地与用人单位协商，或者运用法律武器，通过申请调解、仲裁、诉讼等手段维护自己的权益。

（1）协商。对于争议不大的问题，求职者可与用人单位协商，达成新的协议；对于用人单位的一般违规行为，求职者可通过协商促使对方改正错误，消除争议。

（2）调解。发生劳动争议后，劳动者可以向本地区的劳动争议调解委员会提出申请，请求调解。调解申请应当在知道权利被侵害之日起 30 日内提出。

（3）仲裁。仲裁是处理劳动争议的必经程序。劳动者申请劳动争议仲裁，应自劳动争议发生之日起 60 日内向劳动争议仲裁委员会提出书面申请（见图 5-6）。劳动争议仲裁委员会受理的劳动争议范围如下：因开除、除名、辞退、辞职、自动离职等发生的争议；因执行国家有关工资、保险、福利、培训、劳动保护规定所发生的争议；因履行劳动合同发生的争议；法律、法规规定的其他劳动争议等。

图 5-6　申请仲裁

（4）诉讼。劳动争议当事人对仲裁裁决不服的，可在收到仲裁裁决书之日起 15 日内向人民法院起诉。需要注意的是，未经劳动争议仲裁委员会仲裁的劳动争议案件，法院不予受理。

（5）监察举报。《劳动法》规定：“县级以上各级人民政府劳动行政部门依法对用人单位遵守劳动法律、法规的情况进行监督检查，对违反劳动法律、法规的行为有权制止，并责令改正。”还规定：“任何组织和个人对于违反劳动法律、法规的行为有权检举和控告。”据此，求职者发现自己的劳动权益受到侵害时，应及时向单位所在区县的劳动保障监察部门举报。

（6）信访。求职者在劳动权益受到侵害时，还可以通过信访的方式向各级工会、妇联及政府信访部门反映情况，以寻求帮助。

如果求职者在实际就业过程中遇到劳动保障方面的问题，还可以及时拨打全国统一的人力资源社会保障系统公益服务专用电话“12333”，咨询劳动保障的政策，获取有关的信息，更好地维护自己的合法权益。

（资料来源：百度文库，https://wenku.baidu.com/view/b4ae11c72cc58bd63186bdcc.html）

四、毕业生就业维权的相关法律

毕业生要熟悉和掌握国家有关法律、法规，强化自己的维权意识。在求职应聘、签订就业协议书和劳动合同的过程中，一旦发现自己的合法权益受到侵害，就应积极地运用法律武器维护自己的权益。

（一）《劳动法》

《劳动法》于 1994 年 7 月 5 日经第八届全国人民代表大会常务委员会第八次会议通过，自 1995 年 1 月 1 日起施行，于 2009 年 8 月 27 日进行了第一次修正，于 2018 年 12 月 29 日进行了第二次修正。该法的目的是“保护劳动者的合法权益，调整劳动关系，建立和维护适应社会主义市场经济的劳动制度，促进经济发展和社会进步”。

毕业生应着重了解《劳动法》中关于劳动者的各项权利：平等就业和选择职业的权利、取得劳动报酬的权利、休息休假的权利、获得劳动安全卫生保护的权利、接受职业技能培训的权利、享受社会保险和福利的权利、提请劳动争议处理的权利及法律规定的其他权利。毕业生还应当明确“劳动者应当完成劳动任务，提高职业技能，执行劳动安全卫生规程，遵守劳动纪律和职业道德”，“用人单位应当依法建立和完善规章制度，保障劳动者享有劳动权利和履行劳动义务”。

（二）《劳动合同法》

《劳动合同法》于 2007 年 6 月 29 日经第十届全国人民代表大会常务委员会第二十八次会议通过，自 2008 年 1 月 1 日起施行，于 2012 年 12 月 28 日进行了修正。《劳动合同法》从劳动合同的订立、履行、变更、解除到终止等各个方面，明确了劳动合同双方当事人的权利和义务，重在保护劳动者的合法权益，被誉为劳动者的“保护伞”。

《劳动法》与《劳动合同法》都是为了保护合法的劳动关系和当事人双方的合法利益而制定的法律，《劳动合同法》是《劳动法》的特别法，在关于劳动合同的问题上，优先适用《劳动合同法》。《劳动合同法》突出了以下内容：① 立法宗旨非常明确，就是为了保护劳动者的合法权益，强化劳动关系，构建和发展和谐稳定的劳动关系；② 解决近年来比较突出的用人单位不与劳动者订立劳动合同的问题；③ 解决合同短期化问题。

试用期是用人单位与劳动者建立劳动关系后，为相互了解、相互选择而约定的考察期，是毕业生工作的第一个阶段，也是最容易和用人单位发生纠纷的阶段。《劳动合同法》第19条对试用期内劳动者的权益保护进行了明确规定：“劳动合同期限3个月以上不满1年的，试用期不得超过1个月；劳动合同期限1年以上不满3年的，试用期不得超过2个月；3年以上固定期限和无固定期限的劳动合同，试用期不得超过6个月。同一用人单位与同一劳动者只能约定一次试用期。以完成一定工作任务为期限的劳动合同或者劳动合同期限不满3个月的，不得约定试用期。试用期包含在劳动合同期限内。劳动合同仅约定试用期的，试用期不成立，该期限为劳动合同期限。”

该法第20条限定了试用期的最低工资水平：“劳动者在试用期的工资不得低于本单位相同岗位最低档工资或者劳动合同约定工资的80%，并不得低于用人单位所在地的最低工资标准。”第37条明确劳动者可以在试用期内提出解除劳动合同：“劳动者在试用期内提前3日通知用人单位，可以解除劳动合同。”有些用人单位在劳动合同中约定劳动者在试用期解除合同须承担违约责任，这实际上是侵害劳动者合法权益的行为。

（三）《就业促进法》

《就业促进法》于2007年8月30日经第十届全国人民代表大会常务委员会第二十九次会议通过，自2008年1月1日起施行，于2015年4月24日进行了修正。该法的目的是为了促进就业，促进经济发展与扩大就业相协调，促进社会和谐稳定。人们普遍关心的禁止就业歧视、扶助困难群体、规范就业服务和管理等就业问题在这部法律中都有体现。

对于劳动者在就业中常常遭遇的就业不平等、就业歧视等问题，《就业促进法》为相应的处理方法给提供了明确的法律依据，因而这部法律值得大学毕业生予以特别关注。《就业促进法》第25条规定：“各级人民政府创造公平就业的环境，消除就业歧视，制定政策并采取措施对就业困难人员给予扶持和援助。”该条规定对用人单位实施就业歧视的行为进行了明确否定。第26条规定：“用人单位招用人员、职业中介机构从事职业中介活动，应当向劳动者提供平等的就业机会和公平的就业条件，不得实施就业歧视。”该条规定旨在对用人单位的招聘行为和职业中介机构的职介行为进行规范。

此外，《就业促进法》对保障妇女、少数民族、残疾人、传染病患者等劳动者的权益保护都做出了明确规定。第27条规定：“国家保障妇女享有与男子平等的劳动权利。用人单位招用人员，除国家规定的不适合妇女的工种或者岗位外，不得以性别为由拒绝录用妇女或者提高对妇女的录用标准。用人单位录用女职工，不得在劳动合同中规定限制女职工结婚、生育的内容。”第28条规定：“各民族劳动者享有平等的劳动权利。用人单位招用人员，应当依法对少数民族劳动者给予适当照顾。”第29条规定：“国家保障残疾人的劳动权利。各级人民政府应当对残疾人就业统筹规划，为残疾人创造就业条件。用人单位招用人员，不得歧视残疾人。”第30条规定：“用人单位招用人员，不得以是传染病病原携带者为由拒绝录用。”近年来，社会上就业歧视现象仍然存在。用人单位违反《就业促进法》实施就业歧视的，毕业生可以向人民法院提起诉讼，以维护自己平等就业的权利。

《劳动合同法》知识问答

（1）用人单位的规章制度对劳动者有约束力吗？

答：用人单位依照法定程序制订的、内容不违反法律法规并向本单位职工公示过的规章制度，对本单位的劳动者具有约束力，本单位劳动者应当遵守。

（2）直接涉及劳动者切身利益的规章制度或者重大事项是指哪些事项？

答：根据《劳动合同法》第 4 条第 2 款的规定，直接涉及劳动者切身利益的规章制度或者重大事项是指有关劳动报酬、工作时间、休息休假、劳动安全卫生、保险福利、职工培训、劳动纪律及劳动定额管理等事项。

（3）用人单位可以扣押劳动者的身份证等证件吗？

答：根据《劳动合同法》第 9 条规定，用人单位招用劳动者，不得扣押劳动者的居民身份证和其他证件。其他证件包括学历证书、学位证书、职业资格证书等。

（4）建立劳动关系时应当以什么形式订立劳动合同？

答：根据《劳动合同法》第 10 条第 1 款规定，建立劳动关系，应当订立书面劳动合同。

（5）建立劳动关系后，最迟应该在多长时间内订立书面劳动合同？

答：根据《劳动合同法》第 10 条第 2 款规定，已建立劳动关系，未同时订立书面劳动合同的，应当自用工之日起 1 个月内订立书面劳动合同。也就是说，法律提倡用人单位在建立劳动关系之日即用工之日就与劳动者订立书面劳动合同。如果用人单位没有在建立劳动关系之日与劳动者订立书面劳动合同，但在自用工之日起 1 个月内订立了书面劳动合同的，就不属于违法行为。

（6）劳动合同可以任意解除吗？

答：根据《劳动合同法》的规定，解除劳动合同必须符合法定情形，不可以任意解除劳动合同。

（7）劳动合同的解除分为哪几种情况？

答：根据《劳动合同法》的规定，劳动合同的解除分为三种，即双方协商解除劳动合同、劳动者单方解除劳动合同和用人单位单方解除劳动合同。

（8）在什么情形下，劳动合同终止？

答：根据《劳动合同法》第 44 条规定，有下列情形之一的，劳动合同终止：① 劳动合同期满的；② 劳动者开始依法享受基本养老保险待遇的；③ 劳动者死亡，或者被人民法院宣告死亡或者宣告失踪的；④ 用人单位被依法宣告破产的；⑤ 用人单位被吊销营业执照、责令关闭、撤销或者用人单位决定提前解散的；⑥ 法律、行政法规规定的其他情形。

（9）若劳动合同终止，用人单位是否支付经济补偿？

答：根据《劳动合同法》第 46 条规定，有下列情形之一的，用人单位应当向劳动者支付经济补偿：① 劳动者依照本法第 38 条规定解除劳动合同的；② 用人单位依照本法第 36 条规定向劳动者提出解除劳动合同并与劳动者协商一致解除劳动合同的；③ 用人单位依照本法第 40 条规定解除劳动合同的；④ 用人单位依照本法第 41 条第 1 款规定解除劳动合同的；⑤ 除用人单位维持或者提高劳动合同约定条件续订劳动合同，而劳动者不同意续订劳动合同的情形外，用人单位依照本法第 44 条第 1 项规定终止固定期限劳动合同的；⑥ 用人单位被依法宣告破产或者用人单位被吊销营业执照、责令关闭、撤销或者用人单位决定提前解散而终止劳动合同的；⑦ 法律、行政法规规定的其他情形。

（10）用人单位违法解除或者终止劳动合同的，应当怎么处理？

答：根据《劳动合同法》第 48 条和第 87 条规定，用人单位违法解除或者终止劳动合同，劳动者要求继续履行劳动合同的，用人单位应当继续履行；劳动者不要求继续履行劳动合同或者劳动合同已经不能继续履行的，用人单位应当依照经济补偿标准的两倍向劳动者支付赔偿金。

（11）什么是劳务派遣？

答：劳务派遣是指劳务派遣单位与被派遣劳动者订立劳动合同后，将该劳动者派遣到用工单位从事劳动的一种特殊的用工形式。在这种特殊用工形式下，劳务派遣单位与被派遣劳动者建立劳动关系，但不用工，即不直接管理和指挥劳动者从事劳动；用工单位直接管理和指挥劳动者从事劳动，但是与劳动者之间不建立劳动关系。

（12）劳动合同的某一条款无效，是否会导致整个劳动合同无效？

答：根据《劳动合同法》第 27 条规定，劳动合同部分无效，不影响其他部分效力的，其他部分仍然有效。根据《劳动合同法》第 28 条规定，劳动合同被确认无效，但劳动者已付出劳动的，用人单位应当向劳动者支付劳动报酬。劳动报酬的数额，参照本单位相同或者相近岗位劳动者的劳动报酬确定。

（13）“工伤自理”条款是否有效？

答：一些用人单位在与劳动者订立劳动合同时，约定劳动者在劳动过程中“工伤自理”，即发生工伤时由劳动者自己承担责任，用人单位概不负责；或者约定用人单位不为劳动者缴纳社会保险费等内容。即使在劳动合同订立时劳动者表示同意，这种劳动合同条款也会因违反了《劳动法》《劳动合同法》《工伤保险条例》等法律、法规而无效。

（14）什么是竞业限制？

答：根据《劳动合同法》第 23 条和第 24 条规定，竞业限制是指用人单位在劳动合同或者保密协议中，与掌握本单位商业秘密和与知识产权相关的保密事项的劳动者约定，在劳动合同解除或者终止后的一定期限内，不得到与本单位生产或者经营同类产品、从事同类业务的有竞争关系的其他用人单位任职，也不得自己开业生产或者经营同类产品、从事同类业务。劳动者违反竞业限制约定的，应当按照约定向用人单位支付违约金。竞业限制期限不得超过2年。

（15）用人单位是否可以任意与劳动者约定由劳动者承担违约金？

答：根据《劳动合同法》第25条规定，除了在培训服务期约定及竞业限制约定中，用人单位可与劳动者约定由劳动者承担违约金外，在其他情形下，用人单位不得与劳动者约定由劳动者承担违约金。

（16）试用期、服务期是如何确定的？

答：根据《劳动合同法》第19条规定，试用期的上限根据劳动合同期限设定：劳动合同期限为3个月以上不满1年的，试用期不得超过1个月；劳动合同期限为1年以上不满3年的，试用期不得超过2个月；3年以上固定期限和无固定期限的劳动合同，试用期不得超过6个月。同一用人单位与同一劳动者只能约定一次试用期。根据《劳动合同法》第22条规定，在用人单位为劳动者提供专项培训费用对其进行专业技术培训的情况下，可以与该劳动者订立协议，约定服务期。

（17）劳动合同是否必须经用人单位与劳动者双方签字才能生效？

答：根据《劳动合同法》第16条第1款规定，劳动合同由用人单位与劳动者协商一致，并经用人单位与劳动者在劳动合同文本上签字或者盖章后，才能生效。

（18）劳动合同文本可以仅由用人单位保管吗？

答：根据《劳动合同法》第16条第2款规定，劳动合同文本由用人单位和劳动者各执一份。也就是说，劳动合同文本不可以仅由用人单位保管。

（19）用人单位不与劳动者订立书面劳动合同怎么办？

答：根据《劳动合同法》第11条、第14条和第82条规定，用人单位自用工之日起超过1个月不满1年未与劳动者订立书面劳动合同的，应当向劳动者每月支付两倍的工资。用人单位自用工之日起满1年不与劳动者订立书面劳动合同的，视为用人单位与劳动者已订立无固定期限劳动合同。

（资料来源：道客巴巴，http://www.doc88.com/p-203229659325.html，有改动）

案例点评

“案例引导”中，小敏“吃亏”的主要原因在于当初签订劳动合同时过于单纯，一相情愿地相信用人单位，对用人单位提出的要求也未能及时提出异议，这为日后与用人单位发生争议埋下了隐患。

如果小敏当初谨慎一点，很容易发现劳动合同中的破绽。例如，既然已经试用了3个月了，怎么又来一个试用期呢？而且劳动合同中既没有说明试用期的起始时间，也没有说明原先已试用了的3个月是否包括在试用期之内。

再如，关于服务期未满而解约时如何缴纳违约金的问题。按常理，离服务期届满还差多少年，就缴纳多少年的违约金，小敏也是这样理解的，而用人单位肯定会按对自己有利的解释来处理。在劳动合同中，违约金条款的理解与适用本就模棱两可，而小敏并未就此条款与用人单位进行讨论，也未做出明确的说明，所以发生争议时双方各执一词。

至于劳动合同中备注的第三条“其他未尽事宜按本单位有关规定执行”，更是一句笼统的话，不便操作。作为大学毕业生，小敏最起码应先了解“有关规定”的具体内容，再以劳动合同的形式将达成一致的相关内容确定下来。如果小敏当初发现了这些破绽，及时地与用人单位协商，对劳动合同进行修改、补充后再签字，现在就不会吃哑巴亏了。

事迹采撷

以案释法——高薪诱惑求职者，巧设名目骗钱款

【基本案情】

2020年3月，曲某婷到上海找工作，后经男友王某元介绍，成为某文化传媒公司人事助理，并按公司要求缴纳了服装费。同月，李某到上海找工作，后通过某招聘网站应聘该文化传媒公司人事助理，入职后，同样按照公司要求缴纳了服装费。

经查，该公司老板苗某刚自2020年3月起招募王某元、曲某婷、李某等人担任人事助理、培训经理等，先在招聘网站发布招聘信息，以虚构职位、虚高底薪和提成诱骗求职者前来面试，后以服装费、账号费等为由，骗取30多名求职者的钱款共计8万余元，得款由苗某刚按事先约定比例分成。

【诉讼过程】

2020年7月17日，上海市公安局虹口分局以苗某刚、曲某婷等7人涉嫌诈骗罪将此案移送起诉。在审查过程中，虹口区人民检察院坚持贯彻宽严相济政策，根据不同情形分别做出处理。

李某在工作期间意识到自己的行为涉嫌诈骗，便及时离职，在得知公司被查处后，主动到公安机关说明情况并退赔被害人，因此，对李某依法做出不起诉决定。曲某婷入职后一直与团伙核心成员王某元相互配合，共同实施诈骗，涉案金额较大，且未能退赔被害人，因此，对曲某婷和王某元依法提起公诉。同时，针对本案被害人多为年轻群体且以应届毕业生居多，虹口区人民检察院积极追赃挽损，有效化解社会矛盾。

2020年8月17日，虹口区人民检察院以诈骗罪对苗某刚、曲某婷等6人提起公诉。8月27日，虹口区人民法院分别以诈骗罪判处曲某婷有期徒刑7个月，并处罚金

人民币 3 000 元；判处苗某刚等 5 名被告人有期徒刑 3 年 3 个月至有期徒刑 6 个月不等，并处罚金人民币 2 万元至 3 000 元不等。

【析案明理】

近年来，通过线上招聘对毕业生实施招聘诈骗类案件多发频发。本案中，曲某婷和李某毕业后没有找到合适的工作，又突遇新冠肺炎疫情，在寻找工作机会时，因缺乏社会经验、自身法治意识淡薄而被骗，从招聘诈骗犯罪团伙的“被害人”，变成电信网络诈骗的“工具人”。

在网络技术应用大背景下，网络招聘平台给毕业生提供了较多的求职机会，但也容易被不法分子利用。毕业生在求职过程中，不仅要增强安全防范意识，选择正规机构、渠道求职就业，注意审查招聘单位、面试人员的资质，而且要理性地评估自身的条件，选择与自身条件相匹配的岗位，不要好高骛远，也不要相信“天上掉馅饼”的美事。与此同时，毕业生必须知法、守法、护法，若发现被骗，应及时报警，切勿越陷越深、自甘堕落，陷入诈骗泥潭而成为犯罪“工具人”。

（资料来源：上观新闻，https://www.jfdaily.com/sgh/detail?id=527505）

【心得体会】

躬行践履

1. 草拟一份劳动合同

内容：根据所学知识，结合自己的目标职位，草拟一份劳动合同。

要求：

（1）劳动合同必须包含以下几个方面的内容：① 用人单位的名称、住所和法定代表人或者主要负责人；② 劳动者的姓名、住址和居民身份证或者其他有效身份证件号码；③ 劳动合同期限；④ 工作内容和工作地点；⑤ 工作时间和休息休假；⑥ 劳动报酬；⑦ 社会保险；⑧ 劳动保护、劳动条件和职业危害防护；⑨ 法律、法规规定应当纳入劳动合同的其他事项。

（2）根据自己所应聘职位的实际情况，在劳动合同中列明试用期、培训、保守商业秘密、补充保险和福利待遇等其他事项。

（3）合同内容合理，逻辑清晰，语句通顺，便于阅读。

（4）合同内容能体现出自己所应聘职位的特色。

2．专题知识讲解

内容：分专题讲解毕业生就业权益的相关知识。

要求：

（1）全班同学每 3 人一组，每个小组负责讲解一项就业权益，如就业信息知情权、接受就业指导权、接受就业推荐权、平等就业权、择业自主权、择业知情权、违约求偿权、户口档案保存权、就业签约权、劳动报酬权、休息休假权、劳动保护权等。

（2）各组成员分工协作，通过查阅资料、搜集案例、整理文档等，做好专题讲解的准备工作。

（3）各组成员应清楚地介绍各种权益的概念、具体内容及其应用，并用相关案例予以说明。

（4）每组的讲解时长不超过 3 分钟，尽量脱稿讲解。

就业加油站

（1）《大学生实习与就业中的权益维护》（王雨静、郭雷主编，中国政法大学出版社，2018 年 8 月）。

（2）《在校生、大学生就业协议和劳动合同》（法律出版社数字出版中心编辑部主编，法律出版社，2017 年）。

（3）《大学生就业法律问题指导》（孙莉玲著，东南大学出版社，2019 年 1 月）。

（4）中国教育在线校园招聘频道-大学生就业维权：http://www.eol.cn/html/c/jiuyeweiquan.shtml。

（5）中国就业网-大学生就业维权案例及相关法律：http://www.chinajob.gov.cn/c/2017-08-04/40707.shtml。

（6）中工网-维权故事：http://right.workercn.cn/161/201907/31/190731074336680.shtml。

（7）中国教育在线-就业：http://www.edu.cn/html/e/315huati/jiuye.shtml。

项目六　转换职业角色　适应职业环境

篇首导言

在就业过程中，专业知识和技能不是阻碍大学生角色转化的最大难题，职业态度、职业意识、职业道德、职业行为等方面的素养才是大学生的“软肋”，大学毕业生职业素养方面的欠缺会在角色转换和职业适应阶段表现出来。

本项目将告知初入职场的大学毕业生如何尽快地实现角色转换并适应新环境，如何有效地提升职业素养，引导大学毕业生认清理想与现实的差距，根据明确的职业目标锻炼自身能力，在挫折中学习，在痛苦中改变，完成从校园人向职业人的转变，迈向职业的通途。

学习目标

知识目标：

✧ 了解毕业生实现角色转换的重要性和主要途径。
✧ 掌握适应新环境的具体方法。
✧ 明确提升职业素养的主要原则。

素质目标：

✧ 提高环境适应能力，学会审时度势，尽快完成从大学生到职业人的角色转换。
✧ 根据自己的职业目标和能力现状，有针对性地提高自己的职业能力和综合素养，为走向工作岗位打下坚实的基础。

经典语录

用专业知识教育人是不够的。通过专业教育，他可以成为一种有用的机器，但是不能成为一个和谐发展的人。

——爱因斯坦

智力比知识重要，素质比智力重要，觉悟比素质重要。

——张瑞敏

检验一个人是否具备某种职业才能，就是看他能否热爱其中包含的枯燥劳动。

——洛根·皮尔素尔·史密斯

两年换了 9 份工作

小刘毕业于某高职院校服装设计与营销专业，毕业后的两年时间内一共换了 9 份工作。第一份工作是在一家大型外资企业做设计，他干了 3 个月就离职了；第二份工作是在一家大型私营企业做销售，只做了 3 个月便跳槽了；随后的一年多，他换了 6 份工作，做过销售员、跟单员、设计助理等；最后一份工作是在一家专卖店做销售，然而，仅干了 2 个星期他就又辞职了。现在，小刘又回到他熟悉的人才市场，重复他已经习惯的动作：投简历→面试→再投简历→再面试。为此，他感到非常苦恼和迷茫，他总是想起学校生活的美好，总感觉工作不如意，行事有规则，干活有压力，同事之间的关系也总是处不好，他不知道自己该怎么办。

（资料来源：百度文库，https://wenku.baidu.com/view/ac9e8c72783e0912a2162ac8.html）

任务一　转换身份与角色

人的一生会经历多次不同社会角色的转换。大学生毕业后走向社会，就是一种典型的社会角色转换。大学毕业生顺利地实现角色转换，有利于尽快地适应新的环境。

一、大学毕业生走上工作岗位前的准备

（一）心理和态度准备

很多大学生在家是独生子女，在校是优秀学生，一直被宠爱，习惯了以自我为中心，在学习和生活中自我感觉良好。他们没有社会阅历和工作经验，走上工作岗位后，往往需要很长时间才能适应。对于这种现象，如果毕业生在就业前就清楚地了解自己的知识技能水平，走上工作岗位后能够放低身段，树立“从小事做起，从学徒做起”的观念，就能更快地适应工作岗位。

（二）技能准备

很多用人单位都要求员工掌握一定的英语和电脑技能。在当今社会，无论什么岗位，英语听、说、读、写的能力越强，获得好职位和晋升的机会就越多。同时，在工作岗位上，电脑操作技能是必不可少的，如掌握 Word 文档编写技能、PPT 制作技能、Excel 表格制作技能等是用人单位对员工最基本的要求。因此，大学生在校期间应该熟练掌握这些技能，

以便顺利地走上工作岗位。

（三）身体准备

有了健康的身体才能更好地工作。大学毕业生应改掉不良的生活习惯，如抽烟、酗酒、熬夜、暴饮暴食等。同时，应加强锻炼，增强体质，为更好地履行工作职责打下良好基础。

（四）为人处世的准备

早在两千多年前，孔子就极力推崇“知者乐水、仁者乐山”的个人信条，并在“自省、克己、忠恕、慎独、中庸、力行”六个方面给后人以深刻的教诲和警醒。大学毕业生一定要改变“天之骄子”的自我定位，学习为人处世之道，这对于尽快适应职业环境具有非常重要的作用。

（五）情感处理的准备

爱情与婚姻对个人的事业发展有很大影响。无论是已经有男女朋友的大学毕业生，还是单身的大学生，走上工作岗位后，都应处理好情感问题，协调好爱情与工作、朋友与同事、家庭与事业的关系。

（六）服装服饰的准备

即将走上工作岗位的大学生应特别注意自己的衣着打扮。女生一般应准备三套职业套装，每天将头发梳理整齐，最好化淡妆，穿款式简洁的黑色鞋子。男生最好有两件不同颜色的净色衬衣和一套西装；头发不能太长，不要留夸张的发型；除了手表，最好不要佩戴手链、项链、戒指等首饰。

二、实现从大学生到职业人的角色转换

角色对于每个人来说都是相对的，人们总是扮演着各种不同的角色。例如，大学生在学校对教师而言是学生，在家里对父母而言是子女，在社会上对商店营业员来说是顾客。大学生毕业之前，在社会上扮演的主要角色是学生，其主要任务是学习。

从学生到职业人的转变

然而，每个人在社会中扮演的主要角色并不是固定不变的，往往会发生多次转换。角色转换的根本变化是社会权利和社会义务的变化。大学生圆满地完成学业，走向社会，开始新的工作，承担新的任务。从求职成功开始，他们的角色就从学生转变成了职业人（见图 6-1）。

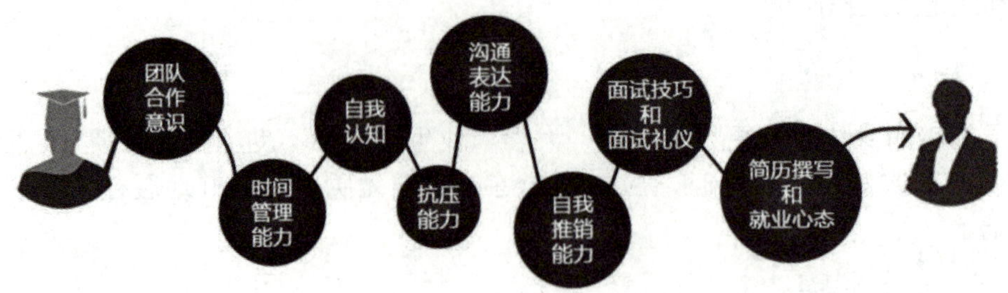

图 6-1　大学毕业生的角色转换

（一）大学生角色与职业角色的区别

社会角色由角色权利、角色义务和角色规范三个要素组成。角色权利就是角色依法享受的权益，或应取得的精神回报和物质报酬；角色义务就是角色的社会责任；角色规范就是社会提供的行为模式。学生角色与职业角色的根本区别就在于角色权利、角色义务和角色规范的不同（见表 6-1）。

表 6-1　大学生角色与职业角色的区别

	大学生角色	职业角色
角色权利	接受外界的给予，即接受和输入，主要体现为依法接受教育，并获得经济生活的保证或资助	依法行使职权，开展工作，运用自己的知识和能力向外界提供劳动，即运用和输出，要求结合实际创造性地发挥自身才能，并在履行义务的同时取得报酬
角色义务	学好科学文化知识，掌握为人民服务的本领，使自己在德、智、体等方面全面发展。角色履行义务的过程是一个受教育、储备知识、锻炼能力的过程	以特定的身份去履行职责，依靠自己的本领或技能去为社会和他人服务，完成某项工作任务
角色规范	主要体现在国家制定的《大学生行为准则》和各学校制定的《大学生手册》之中，这些行为规范告诉大学生怎样做人、如何发展等。因为学生是受教育者，所以在其违反角色规范时，主要以教育改造为主	职业角色的规范因职业的不同而不同，但肯定是比学生角色的规范更加严格，职业角色若违背了相应规范就必须承担一定的责任，甚至是刑事法律责任

（二）从大学生角色到职业角色的变化

1. 活动方式的变化

大学生以学习知识为主要活动。长期以来，学生角色使大学生处在一种接受外界给予的位置上；而职业角色则要求个体运用自己的知识和能力向外界输出自己的劳动成果。这种从接受到给予、从输入到输出的转换是行为方式上的一种重大改变。接受和输入要求个体对信息进行记忆和理解，运用和输出则要求个体结合实际创造性地发挥才能，因此，有些大学毕业生，甚至是学习成绩非常优秀的毕业生，在离开校园、走上工作岗位时都会感到一时难以适应。

2．社会责任的增强

大学生的主要社会责任通常体现为对学习过程和结果负责任；而职业人的社会责任体现为对工作任务的完成情况负责任，他们若不负责就会给社会带来不良后果。例如，大学生在校学习期间，即使不肯用功，也常被看作个人的事；而职业人工作任务的完成情况不再被简单地看作个人的事，人们往往从社会责任的角度对职业人进行评价。职业人在服务工作中对顾客冷漠，会引起人们的不满和反感，甚至受到公共舆论的尖锐批评，人们不会将其与大学生上课时心不在焉、说话幼稚相提并论。大学生走上工作岗位后，社会将以职业人的评价标准对其提出新的要求。

3．全面独立的要求

全面独立的要求与经济生活的独立相一致。大学生在经济上主要依靠家庭的资助，进入职场以后，有了劳动报酬，经济上逐渐独立。同时，家庭和社会对毕业生提出了全面独立的要求，即工作上能够独当一面，学习上自我发展提高，生活上自己照顾自己，在社会上充分履行自己的责任等，这种全面独立的要求一方面为毕业生的职业发展和自身完善提供了更广阔的空间，另一方面也向毕业生提出了自力更生、加强自我管理的人生新课题。

（三）自觉地加快角色转换速度

学生角色向职业角色的转换是一个艰苦的过程。毕业生从走上工作岗位时起，就应主动进行角色转换，并尽可能快地完成转换。在角色转换过程中应注意以下几点。

1．正确认识新的角色

转换角色时，首先要了解新的职业角色的性质、社会意义、工作要求、劳动条件、行业规范（包括技术规范、职业道德、纪律等），从思想感情上重视它、接受它、热爱它。要坚信，一个人只要具有良好的综合素质，富有进取精神，无论在什么行业，都会干出一番成绩。“三百六十行，行行出状元”，在不同的行业里，一个个事业成功者名扬四海，一个个碌碌无为者屡见不鲜，其关键还在于个人。

2．安心本职，脚踏实地

刚走上工作岗位的毕业生应尽快从大学的学习、生活模式中解脱出来，尽快全身心地投入到新的工作中去。许多毕业生工作几个月后，还不能静下心来，不安心本职工作，这对角色转换的实现是十分不利的。多数职业都有一定程度的重复性、单调性，给人以枯燥感。毕业生必须明白这个道理：一名新职员通常都是先在基层干一些简单的事务性工作，当新职员熟悉了工作的基本流程并展示了自己的潜能时，单位领导才会安排新职员去做那些比较复杂或富有创造性的工作。因此，毕业生走上工作岗位后，务必脚踏实地地工作，尽快适应工作环境并展示自身的才能。

3．虚心学习，勤于思考

事实表明，一个人在学校学到的知识是有限的，更多的知识须从工作实践中获得。尽管毕业生在校期间已经学到了一些知识，但走入职场后仍是新手，一切都要从头开始。因此，毕业生应根据工作岗位的实际需要，主动向有经验的技术人员、领导或同事请教（见图 6-2），尽快地熟悉有关业务，提高观察问题、分析问题和解决问题的能力，早日胜任本职工作。

图 6-2　谦虚

与此同时，要想将工作做得卓有成效，毕业生还需要勤于思考，积极地发挥聪明才智。勤于思考，有利于发现问题，从而运用自己所掌握的知识去解决问题；勤于思考，有利于快速掌握工作方法，发现问题的内在规律，从而提高工作效率；勤于思考，有利于锻炼自己独立开展工作的能力，为进一步发展打下良好基础。

4．甘于吃苦，乐于奉献

有的大学生缺乏吃苦耐劳的精神，在工作岗位上拈轻怕重，怕苦怕累，斤斤计较，一遇到困难便退缩避让，时常抱怨“工作劳累，工资太低”，总想舒舒服服、轻轻松松地获得高薪。要知道，甘于吃苦是角色转换的重要条件，只有甘于吃苦，才能面对现实，克服在角色转换过程中遇到的种种困难，及时进入角色。

乐于奉献是完成角色转换的重要标志。毕业生走上工作岗位后，应当从一开始就严格要求自己，树立主人翁意识，增强社会责任感，培养积极奉献的精神，不计较个人得失，勤勤恳恳，任劳任怨，努力承担岗位责任，促使自己更好、更快地完成角色转换。

三、建立和谐的人际关系

人际关系是人与人直接联系的媒介。不少走上工作岗位的毕业生不重视人际关系，处理不好人际关系，以致影响职业发展。

谁更会“聊”？
职场社交真相大揭秘

（一）建立和谐人际关系的意义

1．消除陌生感，适应新环境

毕业生到工作单位后，生活和工作环境发生了很大变化，如果注意与他人建立良好的人际关系，尽快与大家融为一体，便可消除陌生感，摆脱孤独感，有利于尽快度过适应期。

2．获得帮助，化解冲突

毕业生在工作中与他人建立良好的人际关系，有利于协调同事之间的关系，获得他人的帮助和关怀，化解与他人之间的矛盾和冲突，进而更好地开展工作。

3．缓解压力，促进健康

人际关系的适应是人类心理适应的重要内容。人际交往对个人身心健康十分重要，和谐的人际关系可以增进人与人之间的情感交流，使人们在心理上产生亲密感和归属感。人们在危急、孤独、焦虑的情况下，往往特别需要人际沟通，这时，和谐的人际关系能够有效地消除负面情绪造成的心理压力，从而有利于人们的心理健康。

一些毕业生工作后感到不顺心，其中一个原因就是人际关系紧张。如果毕业生与同事相互猜疑，在心理上产生隔阂，那么在工作中就容易与同事产生各种矛盾，给自己带来较大的心理压力。这种紧张局面持续时间久了，会令毕业生愁苦不堪。而良好的人际关系可以消除隔阂、打破封闭，让毕业生与同事相互理解、相互尊重、友好相待，这种状态有利于大家保持心情舒畅，有利于身心健康。

4．增进团结，有利发展

良好的人际关系是团结、发展的基础（见图 6-3）。人际关系状况在一定程度上反映一个单位的精神文明状况，显示单位员工的团队精神和凝聚力。人际关系良好，有利于增进团结，同事之间齐心协力，工作高效而愉快，每个人都能最大限度地发挥自己的才能，实现自我价值的同时也促进集体的发展；反之，必然使得集体内耗严重、涣散无力，抑制每个成员的工作热情，削弱大家的积极性，从而降低工作效率，阻碍个人和集体的发展。良好的人际关系需要每个人的奉献和努力，只有大家都为集体添砖加瓦，才能形成整个单位和谐的人际氛围，有利于集体团结与发展。

图 6-3 人际关系

（二）如何处理好与同事的关系

同事是天然的合作者，又是客观的竞争者。这种微妙的关系，必然使人产生既渴望合作又警觉竞争的复杂心理。要想与同事建立良好的人际关系，应注意以下几点。

1．尊重他人

尊重他人就是尊重他人的人格、习惯与价值观，承认人际交往双方的地位平等。尊重是相互的，只有尊重他人的人，才能得到他人的尊重，也才谈得上自尊。毕业生到了用人单位后，所接触的同事通常秉性各异、爱好不同，但每个人都是自己的老师，因为他们有丰富的工作经验和娴熟的业务技能，因此，要像尊重老师那样尊重他们，做到既尊重他们的人格和感情，又尊重他们的习惯和价值，还尊重他们的劳动成果。

对人的尊重，不因财富的多少、年龄的大小、分工的不同而有所区别。不嘲笑歧视他人，不以己之长比他人之短，而应谦虚待人。如果自满自大，轻视他人，就会伤害他人的自尊心，造成人际关系疏远。尊重他人的同时也应尊重自己，这样才能建立和谐的人际关系。

2．平等待人

不同的个体在职务、能力、才学、气质、性格等方面的差别是客观存在的，但在人格地位上是平等的（见图6-4）。在工作单位，毕业生应当以平等的态度对待每一个同事。不要以他人职务的高低、权力的大小来决定对待他人的态度；不要亲近一部分人，故意疏远另一部分人；不要认为某人对自己有用就与之打得火热，暂时无用就避而远之；不要见了领导就低三下四、满脸堆笑，见了群众就爱答不理、冷若冰霜；不要拉帮结派搞小团体，而应该尽力与所有同事发展平等互助的友好关系。

图6-4 平等

3．诚实守信

诚实就是真心实意，实事求是，表里如一，不三心二意、口是心非，不当面一套、背后一套。诚实是做人的基本要求，也是建立良好人际关系的重要条件。守信就是恪守信用，言行一致，说到做到，不做语言的巨人、行动的侏儒。

在人际交往中，毕业生只有诚实守信，才能与他人相互理解、接纳与信任，并在感情上产生共鸣，进而使良好的人际关系得到巩固和发展。即使与同事之间产生了一些误会和矛盾，只要诚实守信，彼此真诚相待，误解也会烟消云散，矛盾也能冰雪消融，最终互相谅解，和好如初。

4．律己宽人

律己，就是以各种道德规范和行为准则严格要求自己。宽人，就是宽以待人、宽厚包容。在现实交往中，即使在平等友好的人际关系中，也会存在许多矛盾和不和谐。“金无足赤，人无完人”，毕业生应坚持用严格的规范要求自己，用宽容的态度对待别人，这样才能建立和谐的人际关系。当自己受到委屈或被误解时，要胸怀宽广，克制自己的不良情绪，冷静处理；当工作出现失误或有过错时，要勇于剖析自己，承担责任；当别人做错了事或造成一些失误时，要善意地指出，多一些关心、帮助和谅解，少一些指责。

典型实例

小王的苦恼

小王毕业于某知名高校，毕业后顺利进入某机关工作。毕业初期，小王怀着对公务员工作的向往，在工作中干劲十足。可是，她渐渐地发现许多工作无法按照自己意愿进行，和领导、同事的关系，也远比同学关系复杂。郁闷时，小王非常怀念大学生活，感叹好日子已一去不复返。在工作的一年中，她几乎每个月都要回母校一趟。

点评：首先，毕业生要“耐得住寂寞”，这是每个独立的成年人必经的一关。要知道，真正成就大事业的人往往是最初沉得住气、甘当配角的人。其次，毕业生要通过努力工作改善与同事、领导的关系，在此基础上推进各项工作的顺利开展。

（三）如何处理好与领导的关系

领导对下属的职业发展和职位升迁有裁决权和评判权，处理好与领导的关系是十分重要的。与领导相处，不要只为了“套近乎”“留好印象”而与之交往，而要以建立正常的工作关系为目的。对领导既要尊重坦诚、实事求是，又要不卑不亢、交往得当。对领导庸俗地巴结奉承，一味地讨好献媚，不但有损于人格，而且会引起同事的反感和厌恶；与此同时，与领导相处时，切勿敬而远之、我行我素，或者冷眼相对、傲慢无礼，甚至顶撞不尊、锋芒毕露。

在任何时候，都务必将工作做好，在工作方面与领导形成共识，学会适应领导，与领导保持同步。工作中，注意正确领会领导的意图，兢兢业业地完成领导安排的工作，这样也就具备了与领导建立良好关系的基本条件。

此外，还要注意维护领导的权威，不在背后贬低领导，不当众指责领导，愿意接受领导的批评指正。对同一单位的领导，不要有亲疏远近之分，不能巴结一个而疏远其他，这样会给自己的工作和生活带来麻烦。

课堂讨论

进入职场之后，可以采用哪些方式与同事、领导相处？在相处过程中应注意哪些细节问题？

任务二　适应新环境

大学毕业生走上工作岗位后，将面对一个新环境。在工作当中，可能会遇到许多困难。面对新的环境和困难，是面对现实、不怕挫折、积极适应，还是逃避现实、一蹶不振、消极退缩？这是大学毕业生走上工作岗位后首先应该思考的一个问题。

一、尽快融入团队

毕业生走出校门、踏入社会的时候，即将面对的是一个几乎完全陌生的环境。这时，毕业生应客观地审时度势，尽快完成从大学生到职业人的角色转换，融入工作团队（见图 6-5），进而得心应手地开展工作。如果无法适应新的工作环境，毕业生应根据自己的具体情况分析其中的原因。一般情况下，不外乎是生理上、心理上和知识技能方面的原因。

毕业生如何适应新环境

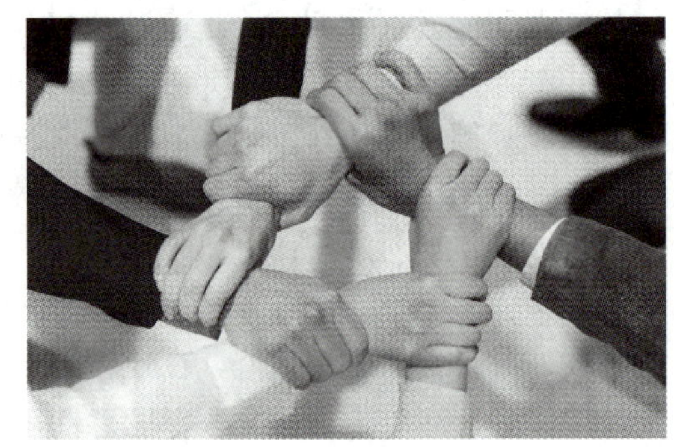

图 6-5　融入团队

（1）如果觉得身体疲惫不堪，就要学会调节和放松，做到有张有弛，以便有条不紊地开展工作。这样自然能消除忙乱，融入团队，适应工作。

（2）如果不适应的困扰来自于复杂的人际关系，毕业生也不必过于烦恼。在处理人际关系时，只要能做到以诚待人、律己宽人、热情得体、不卑不亢，不要恃才傲物、自视清高，也不缩手缩脚、羞于见人，就能建立良好的人际关系，较快地融入团体。

（3）如果是因为一时不能胜任工作而感到不适应，就应该正视问题，踏实地锻炼自己的业务能力，尽快熟悉业务工作。

二、理智面对冷遇

大学毕业生走上社会后遭受冷遇，这是常见的现象。要想得到社会的承认，仅依靠大学文凭是远远不够的。正确的做法是理智分析遭受冷遇的原因，寻求摆脱冷遇的方法。

（一）遭受冷遇的原因

当遭受冷遇时，毕业生首先应分析原因。一般来说，主要有以下几方面的原因：

（1）好高骛远，小事不愿做，大事做不来，领导难以安排合适的工作。

（2）对工作挑肥拣瘦、拈轻怕重，不能沉下心来工作，总是“这山看着那山高”。

（3）工作责任心不强，做事马虎，不能完成领导交代的任务。

（4）自以为看破红尘，少年老成，对时事妄加评论，造成不良影响。

（5）过于看重个人得失，不思奉献，总是“有利可图就干，无利可图就算”。

（6）没有摆正个人与集体、事业与家庭的关系。

（二）摆脱冷遇的方法

1．谦虚好学

大学生在校期间学习的多为基础理论知识。走上工作岗位后，应当一切从头开始，虚心地向他人学习，绝不能自以为是。

2．踏实肯干

用人单位录用人才，是为了解决工作、生产、科研中的实际问题。大学毕业生走上工作岗位后，除了虚心学习以外，还要有实干精神。只要能脚踏实地地干出一番成绩来，领导、同事一定会投以赞许的目光，冷遇自然会消失得无影无踪。

3．豁达大度

在工作中遭受挫折和冷遇是在所难免的，有时不一定是自己的原因造成的，但无论如何，对待冷遇一定要沉着冷静、豁达大度，多从自身找原因，认真总结经验教训，这样才有利于问题的解决，否则只能使问题复杂化。

三、正确看待挫折

心理学家认为，挫折是个体有目的地从事某种活动时，由于受到障碍和干扰，其需求不能得到满足时的一种消极的情绪状态。受挫后，个体会出现紧张、焦虑、苦闷的心理状态，心理失去平衡。

就业时，大学毕业生怀着一腔热情和美好憧憬，想在工作中有一番作为，但现实往往与理想有较大差距，毕业生往往会遭受挫折。不论从事何种工作，遭受挫折是在所难免的。如果不能及时调整心态，正视挫折，便容易产生消极情绪。有的人遭受挫折后十分自责，垂头丧气，郁郁寡欢；有的人受挫后不从自身找原因，而把责任推卸给他人，为自己开脱辩解；有的人遭受挫折后将怨气发泄到别人身上，不分析原因、总结教训，结果在后续工作中重蹈覆辙；有的人遭受挫折后则万念俱灰。这些都是错误的。

遭受挫折时，正确的做法如下。

1．积极进行心理防卫

遭受挫折时，应积极进行心理防卫。例如，将内心的消极情绪转化为发愤图强、力争上进的积极情绪，即“化悲痛为力量”；或加倍努力工作，去实现工作目标；或改变工作方法，不断尝试；或进行自我补偿，以期获得“失之东隅，收之桑榆”的效果等。

2．正确认识工作成败

一帆风顺固然可喜，遇到挫折也不要灰心，也许这一次挫折就是下一次成功的开始，只有正确地认识工作中的成败，看准目标，一步一个脚印地走下去，才会获得成功（见图6-6）。到那时，再回头来看走过的路，挫折失败也许是人生的财富。

图6-6　正视成败

3．勇于面对现实问题

遭受挫折并不可怕，可怕的是不敢面对现实中的问题。有关专家建议，在遭受挫折后，反问自己四个问题：问题到底是什么？问题的原因是什么？可能的解决方案有哪些？最佳解决方案是什么？坚持以上四问，并努力去解答，就能真正地“笑到最后”。

典型实例

谁更受喜爱

小赵和小李同一年大学毕业，两人同是市场部的职员，都做市场营销方面的工作。两个人的能力不相上下，每月都能超额完成任务。有时候，小李的任务做得比小赵的要好很多，但平时很少见到小李微笑的模样。一旦工作不顺利，小李就大发牢骚，甚至冲同事发脾气。而小赵则为人乐观、爽快，有一种知足常乐的态度，他从不被困难吓倒，即使遇到难缠的客户，也能灵活地应对。一些同事遇到不顺心的事儿，都把小赵当作倾诉对象。一年后，小赵理所当然地成为市场部经理的人选，而小李却没有入选。

点评：能乐观开朗地对待挫折的人，往往更受同事的喜爱和领导的赏识。

（资料来源：道客巴巴，http://www.doc88.com/p-6733892014811.html）

四、虚心接受批评

对待批评，不同的人有着截然不同的态度：有的人勇于承认自己的错误，并诚恳地接受批评，总结教训并及时加以改正；有的人受到批评则丧失信心，萎靡不振，甚至自暴自弃；还有人一听到批评便怒火中烧，使领导和同事“敬而远之”。后两种态度是不可取的。

对刚刚参加工作的大学毕业生来说，“有则改之，无则加勉”，“只要你说得对，我就照你说的办”，这才是对待批评的基本态度。而笑纳批评则是对初涉职场的大学生的更高要求。

此外，不要反击别人善意的批评，否则，不仅会造成尴尬的局面，而且会伤害同事之间的感情；也不要找借口推脱责任，或默不作声。这两种态度不利于批评者指出错误所在，也不利于被批评者纠正错误。正确的做法是心平气和、认真诚恳地接受他人的批评，在语言上接受批评的同时，还要在实际行动上有所表现。

五、积极消除隔阂

每个人在与人交往的过程中都可能同他人产生隔阂。积极消除隔阂，促进人际关系和谐发展，是每个大学毕业生都应秉持的态度。

人与人之间产生隔阂的原因是多种多样的，隔阂产生的原因不同，消除隔阂的方法也应有所不同。当自己与他人产生隔阂的时候，应冷静分析，找出原因，然后对症下药。

（1）交往双方不愿或很少展示真实的自我，从而对彼此交往的诚意产生怀疑。对于这种情况，毕业生应该坦诚相待，以心换心。只要抛弃“遇人只说三分话，未可全抛一片心”的旧观念，与人真诚相处，经常交流思想感情，就一定能消除隔阂。

（2）交往双方因某件事的误会而产生隔阂。对于这种隔阂，毕业生应该主动进行解释，以消除误会。由于每个人的性格脾气、文化修养、价值观念等存在一定的差异，其观察问题、认识问题、处理问题的方法也各不相同，所以在交际过程中出现一些误会是难免的。对此，毕业生应该给予充分的理解，如果是自己误会了别人，则要耐心听取别人的解释。当真相大白之后，双方隔阂自会云消雾散。

（3）一方损害了对方的利益或伤害了对方的人格、感情，从而产生隔阂。出现这种情况时，不论是有意还是无意，也不论责任是否在于自己，毕业生都应该真心实意、诚恳地向对方道歉，以求得谅解。只要表现出足够的诚意，定能化干戈为玉帛，消除隔阂。

六、努力钻研业务

对于涉世不深、经验不足的大学毕业生来说，工作中出现某些差错或失误是难免的，但这并不意味着就可以理所当然地出现差错或失误。在实际工作中，毕业生应该努力做到以下几点：

（1）要在现任职业岗位上钻研业务（见图 6-7），履行职责，高效地完成任务。学历、知识不等于能力，只有把知识应用于实践，将理论知识和业务实践结合起来，才能有效地提高业务能力。

图 6-7 钻研业务

（2）要正视薄弱环节并加以强化。每个人都有自己的缺点和不足，而缺点和不足往往是造成工作失误的主要根源。因此，在具体的工作中，毕业生应正视自己的薄弱环节，并注意克服自己的缺点，弥补自己的不足。

（3）要培养良好的职业品德，树立正确的职业理想和职业价值观，具有忠于职守、敬业乐业、献身事业的精神，秉持严肃认真、实事求是的劳动态度，保持一丝不苟、精益求精的工作作风。这些素养不仅是做好工作、开拓未来道路的基础，而且是处理好各种人际关系的必要条件。

任务三　提升职业素养

一、积极主动

到了工作单位后，毕业生应快速实现角色转换，处处以职业人的标准要求自己，努力学习实践知识，寻找、创造锻炼业务能力的机会。上班伊始，领导可能不会交给毕业生过多的工作，这时，毕业生千万不要被动等待，而要主动寻求学习知识、锻炼能力的机会，尽量使自己忙碌起来，做到眼勤、手勤、腿勤、多想、多问、多做。例如，翻阅一些与工作有关的文件资料，或主动请教一些工作问题，展示自己的工作热忱。

在新工作岗位中应注意哪些

积极主动的工作态度总是很受人欢迎，领导和同事都喜欢工作积极、态度认真、学习刻苦的新同事。

二、诚信踏实

毕业生走上工作岗位后，应严格遵守用人单位的规章制度，与人交往时不失约、不失信，树立诚实守信的良好形象。如果在工作中没有时间观念，不遵守劳动纪律，消极被动地等待工作，不守约，不守信，就不可能赢得别人的信赖和尊敬。对外为本单位的人、事、物严守秘密，对内认真地对待本单位的事务，这也是现代企业对员工的要求。

三、不斤斤计较

大学毕业生要树立远大的理想，正确处理好赚钱与职业发展的关系。如果过于计较眼前的小名小利，信奉功利主义至上，而不是把主要精力放在能力提升和职业发展上，就会停滞不前，毫无前途可言。

大学毕业生要认识到薪资待遇是对能力的一种肯定，越有能力的人，待遇越高。刚参加工作的大学毕业生不要过于功利、过于急躁，而应在本职岗位上踏实学习，积累经验，锻炼能力，积聚人脉，树立专业形象，这样才会有功成名就的一天。

四、不损公肥私

大学毕业生要树立正确的职业道德观，遵纪守法，遵守用人单位的规章制度，具体做到以下几点：不把单位的财物据为己有；不利用职务之便谋取私利；不占用办公电话谈私人事情；不收受贿赂，不贪赃枉法。尤其是在国家机关、事业单位的工作人员，切忌损公肥私，否则将会损害国家和人民的利益，最终要受到法律的惩处。

五、不找借口

大学生刚参加工作，工作不适应、工作中出现差错是难免的，但千万不要把困难、挫折当借口，而要从自身找原因，主动寻求解决问题的办法。若不适应业务流程，则应加强业务学习；若不适应人际关系，则应积极主动地去改善现状；若不适应生活习惯和节奏，则应克服现有困难并做出相应的调整；若不适应紧张压力，则应通过锻炼身体和调适心理来缓解。只有这样才能尽快进入新角色，并做好本职工作。

六、不抱怨

有些大学毕业生心高气傲，觉得让自己从事简单的工作是大材小用，在工作中总是抱怨：抱怨薪资待遇不能体现自己的价值；抱怨工作条件太差；抱怨任务重、常加班；抱怨福利太少；抱怨身边的同事文化低、素质差；抱怨没人理解自己；抱怨领导不是伯乐，发现不了自己的“真才实学”和“鸿鹄之志”；等等。这种怨天尤人的做法是错误的。

大学生的职场成长

正确的做法是对工作任务不挑剔，对待遇福利不提过高的要求，不计较一时的个人得失，而应脚踏实地地做好本职工作，积极主动地学习业务知识，积累工作经验，为个人的长远发展打下良好基础。

案例点评

“案例引导”中，小刘毕业后两年内换了 9 份工作，总感觉工作不如意，处理不好与同事之间的关系等，其主要原因就是没能顺利地转换角色、适应新环境。大学生完成学业后，从走向社会、踏入职场的那一刻起，学生时代和学生角色就随之终结。也就是说，从这一刻起，大学生就已跨入社会成为一名职业人。要想实现自己的职业生涯目标，在职场上有所建树，大学毕业生必须尽快实现角色转换，适应职场环境，不断提高自身的职场沟通与协作能力。

事迹采撷

务实笃行——青春无悔铸法魂

2008 年 12 月，小陈怀着对人民法官职业的无比崇敬，考入辽宁省锦州市北镇市人民法院，并先后担任书记员、助理审判员。2015 年 11 月，小陈被任命为审判员；2017 年 6 月，小陈被调入沟帮子人民法庭任副庭长。

作为一名“80 后”法官，小陈始终坚持正确的政治方向，不断学习，在提高自身能力的同时牢记使命，严守政治纪律和政治规矩。在工作中，他始终把学习作为提高自身素质的不竭动力，不断提高业务素质，以应对法律关系复杂的各类案件；同时，不断夯实自身的法律知识储备，掌握工作的主动权，以适应新阶段法治中国建设对法官司法能力的要求。

在民事案件审理过程中，小陈始终坚持群众利益无小事，调解优先、调判结合，力争做到案结事了。他凭借扎实的法律知识储备和多年基层法庭工作经验，冷静分析每一件案件的特点，找准“病根”，对症下药；灵活运用调解方法，释之以法、晓之以理、动之以情，能调则调、当判则判。许多要离婚的夫妻，在他的调解下重归于好；许多民事纠纷，在他的审理中化干戈为玉帛。

多年来，小陈所审结的案件无一错案，也没有一件由裁判不公引起上访的案件，有力维护了法律的公平与正义，也使自己无愧于人民法官的光荣称号，无愧于闪闪发光的国徽，无愧于闪光的青春。

（资料来源：澎湃新闻，https://m.thepaper.cn/baijiahao_11825487）

【心得体会】

躬行践履

1. 职业角色模拟

内容：根据下列情景，丰富情景细节，进行角色模拟训练，以便更加直观地了解职场与学校的不同，体验学生角色与职业角色的不同。

（1）实习时，同事都将复印、打扫等工作交给你去做。

（2）在办公室接到客户投诉公司产品质量问题的电话。

（3）所在公司遭遇媒体的负面新闻报道，但该报道与事实不符。

（4）面对一名挑剔、刁难、不好应付的客户。

（5）与同事因小事发生冲突。

（6）主持重要会议时，突然有人捣乱。

要求：

（1）将全班学生分成若干小组，每组 6 人，设组长 1 名。

（2）各组成员分工协作，根据专业特点和自身实际情况设计、细化模拟情景。

（3）各组成员扮演情景角色，并简要记录通过角色扮演所获得的启发。

（4）各组组长代表各组成员与其他组长进行交流。

2. 职业素养提升计划

内容：根据自己的职业目标制订一个职业素养提升计划。

要求：

（1）分析所学专业的特色和人才培养目标。

（2）分析自己的职业兴趣、职业能力、职业性格和职业价值观。

（3）分析职业目标的职业岗位能力要求。

（4）根据自身现状与职业岗位要求的差距，为自己制订分期职业目标，包括短期目标、中期目标和长期目标。

（5）根据自己的职业目标制订符合实情、具有可行性的职业素养提升计划，内容应包括理论知识能力、社会交际能力、沟通能力、创新能力、自律能力、实践能力、团队合作能力、心理素质培养、挫败承受能力等各个方面。

就业加油站

（1）《大学生职业素养提升》（庄明科、谢伟编著，高等教育出版社，2016 年 2 月）。

（2）《学好〈弟子规〉，提升职业素养》（张小冰、毛雨编著，人民日报出版社，2017 年 9 月）。

（3）《领悟国学智慧，提升职业素养》（金迪编著，新华出版社，2015 年 1 月）。

（4）《大学生就业指导（慕课版）》（杨洪、秦晓燕主编，人民邮电出版社，2019 年 11 月）。

（5）华文慕课网-大学生职业素养提升：http://www.chinesemooc.org/mooc/4768。

（6）智慧树-大学生职业素养养成：http://coursehome.zhihuishu.com/courseHome/2050961#onlineCourse。

参 考 文 献

[1] 张琳，李中斌，王杨. 大学生职业生涯规划与就业指导 [M]. 上海：上海交通大学出版社，2018.

[2] 李国庆，孙金一，张源峰. 大学生职业生涯规划与就业指导：应用型 [M]. 上海：上海交通大学出版社，2019.

[3] 程龙泉. 职业能力培养与就业指导 [M]. 北京：航空工业出版社，2019.

[4] 鲁玉桃. 大学生职业生涯规划与就业指导 [M]. 镇江：江苏大学出版社，2019.

[5] 丁梦，王霖，张宝红. 大学生就业指导 [M]. 镇江：江苏大学出版社，2019.

[6] 韩红梅. 大学生就业指导教程 [M]. 北京：中国人民大学出版社，2019.

[7] 张迎，王传刚. 大学生就业与创新创业教程 [M]. 北京：人民邮电出版社，2019.

[8] 肖辉，周海，吴计生. 大学生就业指导 [M]. 北京：水利水电出版社，2018.

[9] 廖忠明，廖华. 大学生就业指导实用教程 [M]. 西安：西安电子科技大学出版社，2018.

[10] 万辉君. 大学生就业指导与职业生涯规划 [M]. 武汉：华中科技大学出版社，2018.

[11] 侯瑞刚. 大学生就业与创新创业多维角度研究 [M]. 北京：水利水电出版社，2019.

[12] 庄明科，谢伟. 大学生职业素养提升 [M]. 北京：高等教育出版社，2016.